KB038515

고성과
리더의
비밀,
원온원

고성과 리더의 비밀, 원온원

초판 1쇄 발행 2023년 10월 31일
초판 3쇄 발행 2023년 12월 11일

지은이 현순엽

책임편집 윤소연 **디자인** 박은진
마케팅 임동건 **마케팅지원** 안보라 **경영지원** 이지원
출판총괄 송준기 **펴낸곳** 파지트 **펴낸이** 최익성

출판등록 제2021-000049호
주소 경기도 화성시 동탄원천로 354-28 **전화** 070-7672-1001
이메일 pazit.book@gmail.com **인스타** @pazit.book

THE STORY FILLS YOU
책으로 펴내고 싶은 이야기가 있다면, 원고를 메일로 보내주세요.
파지트는 당신의 이야기를 기다리고 있습니다.

구글은 알지만 우리는 모르는

고성과 리더의 비밀,

ON
원온원

현순엽 지음

pazit

차례

들어가며

 우리나라 직장인들의 몰입도는 어떨까? 갤럽Gallup의 조사에 따르면 2022년 기준 세계 평균 수준이 21%, 우리나라는 12% 수준으로 다른 나라에 비해 매우 뒤처져 있는 실정이다. 몰입하지 않는다는 것은 에너지와 열정 없이 시간만 투여한다는 의미이다. 몸은 일하더라도 두뇌와 마음은 일하지 않고 있는 상태이다. 지구상에서 가장 열심히 일하는 나라로 자타가 공인했던 우리가 지식경제 시대에 이르러 정작 일을 해야 하는 두뇌와 마음이 게으른 나라에 속하게 된 것이다.

 직원 몰입도가 가장 높은 나라는 놀랍게도 우리의 3배나 되는 35%의 몰입 비율을 갖는 미국이다. 지속적으로 최고 수준이다. 직원 몰입도가 기업의 성과에 미치는 압도적 영향은 너무나 많은 연구에서 입증된 사실이다. 이 몰입도의 엄청난 차이는 글로벌 시장에서 그들과 벌이고 있는 성과 경쟁의 불리함으로 이어질 수밖에 없음을 쉽게 예상할 수 있다. 여간 심각한 일이 아닐 수 없음에도 어느 기업에서도 우리의 직원 몰입도 수준에 대해 걱정하는 것을 들어본 적이 거의 없다.

이러한 문제 인식 하에 '어떻게 미국 기업들은 직원 몰입도 경쟁에서 지속적으로 앞서고, 우리는 직원 몰입도의 후진국이 되었나?'가 바로 이 책의 화두이다. 갤럽은 직장인들의 몰입 수준에 가장 큰 영향을 미치는 요인이 직책자의 리더십이라는 것을 발견해냈고, 이는 직원 몰입 수준의 70%를 설명하는 변수였다. 한국 직장인들의 낮은 몰입도 수준은 바로 몰입도를 만들어 내는 리더들의 리더십이 형편없는 수준에 머물러 있음을 암시하는 것이다. 역으로 미국 직장인들의 높은 몰입 수준은 그들 상사의 리더십 수준이 훨씬 높다는 것을 의미할 것이다.

그렇다면 한국의 기업들과 리더들이 리더십 향상 노력을 게을리 한 것일까? 경험상 절대 그렇지 않다. 기업들은 리더들을 위한 리더십 교육에 엄청난 노력을 투입하고 있고 리더들 역시 리더십 학습에 시간을 아끼지 않았다. 언제나 시중에서 가장 뜨거운 리더십 테마를 찾아내고, 저명한 강사를 섭외하여 강의 만족도가 높은 리더십 교육을 실시한다. 어느 한 해의 이야기가 아니고 매년 비슷하게 진행된 상황이다. 그럼에도 직원 몰입도 조사 결과는 우리 기업들의 리더십 투자는 완전히 실패했음을 보여준다.

이 책에서는 리더십에 관해 리더들의 학습 노력과 기업들의 교육 투자가 실패한 원인을 짚어보았는데, 그 원인을 한마디로 요약하면 바로 '교양 리더십의 접근'이었다. 좋은 이야기이므로 교양은 높아지겠지만 학습한 내용들이 현장에서 실천으로 이어지는 것은 어렵다. 책의 전편에 걸쳐 그간 리더십에 대한 '교양 리더십' 차원의 잘못된 인식과 접근들에 대해 이론적 관점이 아닌 기업 현장에서 실제 경험한 관점에서 문제점들을 하나하나 짚어 가고자 한다.

그럼 미국 직장인들의 높은 몰입 수준을 만들어 낸 그들의 리더십 비밀은 무엇인가? 그것은 바로 미국 기업들의 모든 리더들이 하고 있는 것, 그러나 우리 기업의 리더들의 거의 하지 않는 것, 바로 원온원이었다. 원온원은 우리 리더들이 학습해 온 교양 리더십이 아니라 현장에서 상시적으로 실천되는 '실전 리더십' 인 것이다.

교양 리더십과 실전 리더십의 가장 큰 차이는 그 리더십이 고성과 창출에 직결되는 임팩트의 여부이다. 구글, 마이크로소프트, 인텔 등 글로벌 회사들은 이미 오래전에 고성과 리더들의 무기가 원온원임을 찾아냈다. 지금 미국 기업들의 성과 관리 시스템이 대부분 원온원 중심의 성과 대화로 운영되고 있다는 사실을 알고 있는가? 그들의 리더십 툴인 원온원은 우리와 다르게 성과 창출과 직결되는 완벽한 '실전 리더십'으로 작동하고 있는 것이다.

미국 직장인들의 몰입도를 세계 최고 수준으로 만들어 내고, 고성과를 창출하는 리더의 비밀이 원온원이라는 것에 아직 쉽게 동의되지 않을 것이다. 너무나 간단해 보이는 소통 채널인 원온원 하나가 그런 큰 차이를 만들어 낸다는 것이 쉽게 이해되지 않을 것이다. 그것이 대부분의 한국 기업과 리더들이 원온원을 하지 않는 이유이기도 하다. 하지만 나는 실제 기업에서 '원온원'을 전사적으로 추진해 보았고, 원온원이 현장에서 교양이 아닌 실전으로 적용될 수 있는 리더십 발휘의 거의 유일한 방법임을 확인할 수 있었다. 오랜 기간 내가 리더십에 대해 가져왔던 혼란, 의심, 방황 등이 원온원 경험을 통해 일시에 사라지게 되었다. 맞지 않았던 리더십의 퍼즐들이 원온원의 개념 이해와 실천으로 일거에 맞춰지는 느낌이었다.

이 책은 원온원이 VUCA시대의 환경에서 리더십 발휘의 유일한 대안이라는 확신에 이르게 된 나의 사고 프로세스thinking process를 그대로 정리한 것이다. 이 책을 따라가게 되면 독자 여러분 누구라도 나와 동일한 확신에 도달할 수 있을 거라고 생각한다. 시중에 넘쳐 흐르는 흔한 리더십 책의 또 다른 버전이 되어서는 안 된다는 나름의 경계심으로 이 책을 정리하였는데 그 여부에 대해서는 독자들이 판단해 주길 바란다.

오랜 기업의 경험을 응집시켜 간신히 만들어 낸 책이다. 많은 선배와 후배들의 인사이트와 도움이 없었다면 나올 수 없었을 것이다. 그분들에게 감사한 마음을 꼭 전하고 싶다. 특히 전문 교수라는 새로운 도전에 격려와 지원을 아끼지 않으신 mySUNI 표문수 총장님과 조돈현 사장님께 감사드리며, 빈약했던 원고에 생명력을 불어 넣어주신 파지트의 윤소연 편집자에게도 감사의 뜻을 전한다. 마지막으로 "어떻게 한국 기업들의 직원 몰입도는 세계 최고가 되었나?"라는 책을 누군가가 쓸 수 있기를 간절히 빌어본다.

2023년 10월
현순엽

1부

리더십의 참담한 현실

리더십 책자의 홍수에도
여전히 목마른 리더들

"올해 지금까지 리더십 제목으로 1,246번째 책이 출판되었다. 오늘이 10월 26일니 올해만 해도 매일 4권꼴로 리더십 책이 출판된 것이다. 아마존에서는 모든 형태를 다 포함하여 리더십의 단어가 포함된 책 제목으로 57,136권이 제공되고 있다. 왜 리더십 책은 이렇게 많을 것일까?"[*]

이처럼 리더십 책자는 시중에 홍수처럼 넘쳐난다. 하지만 리더들과 기업에서는 여전히 리더십 조언에 대해 갈증을 느끼고

• https://serveleadnow.com/why-are-there-so-many-leadership-books/

있다. 특히 기업에서는 리더십 훈련에 천문학적인 비용을 사용하는데, HR 컨설턴트 조쉬 버신Josh Bersin의 조사에 따르면, 미국의 경우 1년에 약 140억 달러의 리더십 훈련 비용을 쓰는 것으로 알려졌다. 과연 리더십 책과 교육 투자는 그만큼의 결과를 내고 있을까?

몰입 수준의 처참함

갤럽Gallup에서는 매년 전 세계 직장인들을 대상으로 직원 몰입도employee engagement를 조사한다. 이를 위해 갤럽은 10만 개의 회사 단위 분석을 진행했고, 그 결과 직원들의 업무 몰입도 수준이 회사의 생산성, 고객 충성도, 안전 사고, 퇴사율, 수익성과 같은 회사 성과에 직결되는 중요한 변수임을 발견했다. 그러나 직원 몰입도가 이렇게 중요한 변수임에도 불구하고 현실에서 업무 몰입을 보이는 직장인 비율은 글로벌 평균 21%에 불과하다. 갤럽은 '몰입하지 않음disengagement'의 의미를 '에너지와 열정 없이 시간을 보낸다'는 의미로 설명하는데, 직장인의 약 80%가 여기에 해당되고 있는 것이다.

좀 더 구체적으로 들어가 글로벌 데이터를 국가별로 구분한

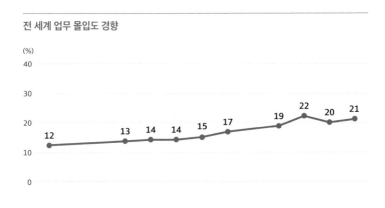

전 세계 업무 몰입도 경향

출처: State of the global workplace: 2022 report, Gallup

랭킹을 살펴보면, 미국이 35%로 최상위이고, 한국은 12% 수준에 머무르고 있다. 몰입도 기준, 한국은 후진국으로 뒤쳐져 있는 것이다. 한때, 한국은 세계에서 가장 열심히 일하는 나라였다. 하지만 지식경제의 시대인 지금, 우리는 두뇌와 마음이 가장 게으른 나라로 전락해 있다.

최근 '조용한 퇴사quiet quitting'라는 개념이 등장했다. 실제로 퇴사하지 않지만 마음으로는 퇴사하여, 소위 잘리지 않을 정도로 최소한의 노력만 투입하겠다는 뜻을 지닌다. 갤럽에서는 '몰입하지 않음'과 조용한 퇴사가 동일한 개념이라고도 설명한다. 몰입도가 낮다는 수치는 조용한 퇴사자가 직장 내 절대 다수라는 이야기이다. 갤럽은 직원들 몰입 수준의 70%는 직속 상사의 리더십에 의해 결정된다는 것을 발견했다. 즉 한국 직장인들이 낮은 몰입 수준에 머물러 있다는 것은, 리더들의 리더십이 그만큼 낮은 수준이라는 점을 말해 준다. 어떻게 이런 일이 지금 벌어지고 있는 것일까. 리더들의 리더십 학습 노력의 결과는 어디로 사라져 버린 것일까.

실천하기는 어려운
좋은 리더십 스킬들

'이렇게 하세요'(Do)와
'이렇게 하시면 안 돼요'(Don't) 리스트

리더십 책들은 좋은 리더가 되기 위한 스킬로 '이렇게 하세요'라는 Do 리스트와 '이렇게 하시면 안 돼요'라는 Don't 리스트를 제공한다. 기업에서 이루어지는 리더십 교육도 이와 유사하다. 리더십의 긍정적 가치나 덕목을 정리해서, 이런 리더십을 해야 하고 이런 리더십은 안 된다는 식으로 설파한다.

당장이라도 리더십의 Do 리스트를 열거해 보라고 하면 누구나 어렵지 않게 열거할 수 있다. '경청, 공감, 책임, 소통, 정직…' Don't 리스트도 마찬가지다. '비난, 호통, 무시, 선입견, 마이크로 매니지먼트…' 그리고 여기에 기업마다 기업의 경영 철학에 맞춘 리스트가 만들어지고 추가된다. 리더십 교육은 이런 리스트가 새롭게 추가되는 교육이라 해도 과언이 아니다. 그리고 그 리스트 목록은 점점 늘어간다. 하나같이 반박할 수 없는 좋은 가치의 리스트이다. 이대로만 실천하면 훌륭한 리더가 될 것이고 리더십 수준 역시 올라갈 것이다. 그런데 왜 직책자들의 리더십은 좋아지지 않는 것일까. 그것은 바로 리스트가 지닌 몇 가지 문제에서 기인한다.

첫째, 투 머치 리더십 스킬

리더십을 위해 조언하는 리스트가 너무 많다. 또한 직책자들에게 추가되고 있는 많은 과제(스트레치stretch 목표 설정, 성과 관리, 빠른 의사 결정력, 전략적 인사이트, 공정한 평가와 피드백, 구성원의 성장과 동기부여, 업무의 전문성 리딩, 직원들의 멘토링과 코칭, 솔선수범, 소통과 행복, 신뢰 문화 구축, 직원 리텐션retention, 전사 정책 전달 등)들과 뒤섞여 리더십 실천 리스트 항목은 숨이 막힐 정도이다. 이와 같은 투 머치 스킬의 요구는 잘 해내기는 어려울 뿐만 아니라, 오히려 어느 것 하나에도 집중할 수 없게 한다.

둘째, 마음가짐 중심의 실천 항목

리스트는 구체적인 실천 항목으로 구성되어야 하는데 마음가짐의 리스트로 구성된 경우가 많다. 가령 '공감'은 리더십의 중요한 덕목으로 점점 더 강조되고 있다. 그런데 '직원들을 공감하라'

는 것은 내가 공감을 잘 실천하고 있는지 판단할 수 있는 실천 아이템이라기보다는 '나도 팀원에게 공감해야지'라는 생각을 떠올리는 마음가짐일 뿐이다. 공감에 이르는 길도 불분명하고, 내가 잘 공감하고 있는지 판단할 수도 없다. 실천 아이템이란 리더와 팀원 모두 실천 여부를 알 수 있는 구체적인 행동이다. 예를 들어 공감을 구체적으로 실천하기 위해서는 '일대일 대화'가 필요하다. 누구나 공감을 강조하지만 그것이 실천되는 일대일 대화는 그렇게 강조하지 않는다. 공감을 학습하고 이해했지만 구체적 실천 행동을 모르는 리더들이 겨우 찾아내는 실천은 간담회나 회식 등이다. 간담회나 회식에서 공감이 잘 일어나는 것을 본 적이 있는가.

셋째, 영웅적 리더십의 환상

곤경에 처한 상황을 기적처럼 돌파하고, 많은 사람들에게 설레는 비전과 영감을 던지고, 끊임없는 혁신을 이끌어내는 리더십의 사례에는 어김없이 기업 창업자나 CEO 혹은 정치인과 같은 역사적 영웅들이 등장한다. 변혁적transformational 리더십, 전략적 리더십, 비저너리visionary 리더십, 서번트servant 리더십, 돌파breakthrough 리더십, 혁신적 리더십, 자기희생 리더십 등은 우리가 익히 배웠고 흠모하는 영웅적 리더십이다. 그러나 이러한 리더십 스킬을 배우고 실천하는 리더들은 변혁은커녕 당장 눈앞에 닥친 과제에

허덕이고 자신이 맡은 작은 조직을 잘 돌아가게 하는 것도 녹록지 않은 범인일 뿐이다. 보통 사람인 우리에게 이런 영웅적 리더십의 실천은 어깨에 힘만 잔뜩 들어가게 만들 뿐이며, 리더십 개선을 향해 전진하지 못하게 만드는 결과를 낳는다. 우리에게 필요하고 실천할 수 있는 리더십은 영웅 리더십의 리스트가 아닌, 보통 사람들이 할 수 있는 단순한 리더십 스킬이어야 한다.

단단하지 않은 리더십의 이해

리더십 실천의 실패를 만드는 리스트의 문제를 살펴보았다. 하지만 리더십 실패를 만드는 보다 근본적인 문제는, 바로 리더십에 대한 어설픈 이해에 있다. 리더십이라는 단어는 너무 자주 듣고, 사용하는 용어로 회사에서도 문제가 생길 때마다 리더십 교육을 해결책으로 꺼내 든다. 이렇게 익숙한 용어인 리더십에 대해 우리는 단단하게 이해하고 있을까? 기업에서는 실행을 중요하게 생각해, 우리가 알고 싶어 하는 것은 언제나 구체적 실행 방법인 How이다. 리더십에서도 마찬가지다. 리더들이 알고 싶어 하는 것은 구체적인 리더십 스킬인 How이다. 대부분의 리더들은 리더십 문제가 리더십 스킬 부족에 있다고 생각한다. 하지만 현장에서 내가 발견한 리더십 실패는 How의 부족 이전에 리더십이 무엇이고(What), 왜 리더십이 중요한지(Why)에 대해 명확한 인식 부족에서 기인하고 있었다. 누구나 이미 잘 이해하고 있어서 새삼스럽게 언급할 필요가 없다고 생각하는 리더십의 What과 Why에 대해 리더들은 전혀 단단한 이해를 하고 있지 않는 것이다.

리더십의 What, Why, 그리고 How

기업에서는 거의 매년 직책자들을 대상으로 Do&Don't 리스트 중심의 리더십 향상 교육을 실시한다. 나는 교육 오프닝 시간에 참가한 직책자들에게 '당신이 생각하는 리더십은 **무엇(What)**인가요?' '**왜(Why)** 리더십 발휘가 중요한가요?'라는 기본적인 질문을 던져 보았다. 리더십 교육을 여러 번 수강했을 직책자들에게 이 질문은 너무 쉽고 간단한 질문일 수밖에 없었지만 의외로 답변은 쉽게 나오지 않았다. 이들은 한참 고민하더니 "리더십이란 조직 구성원들을 잘 이끌기 위해… 주절주절…" "리더들이 당연히 갖추어야 할 리더십 스킬을 잘 배워 구성원들을 잘 이끌고… 주절주절…" 이런 식으로 답변할 뿐이었다. 여러 교육 현장에서 던진 이 질문에 대한 답변을 받으면서, 세 가지 공통점을 발견했다.

첫째, 간단한 질문이었지만 답변이 바로 나오지 않았다는 것

둘째, 답변은 간단명료하지 않고 장황했다는 것

셋째, 사람마다 답변이 천차만별이었다는 것

직책자들은 평소에 리더십에 대한 명확한 What과 Why를 준비하고 있었던 것이 아니었다. 질문의 순간부터 새로운 창작이 필요했으며, 창작한 내용도 간단명료하지 않았다.

한마디로 직책자들의 리더십의 What과 Why의 이해가 단단하지 않았던 것이다. 그렇다면 왜 리더십의 단단한 이해가 리더십 실천에 중요한 것일까? 그 이유는 What과 Why가 리더십 실천인 How의 배경과 맥락이 되기 때문이다.

먼저 What은 How가 향하는 과녁이 되어 준다. 리더십의 정의가 사람에 따라 다르고, 같은 사람도 때와 장소에 따라 다른 정의를 이야기한다. 그만큼 리더십은 스펙트럼이 매우 넓은 개념이라 할 수 있는데, 자신만의 리더십 What을 명확하게 해두지 않으면 리더십 스킬이 향해야 하는 과녁이 매번 달라지거나 명확치 않은 것이다. 마치 과녁이 없는 공중에 총알을 쏘아대듯 결과를 얻지 못하는 리더십 실천이 되게 되는 것이다.

What의 명확화는 리더십뿐 아니라 모든 일에서도 마찬가지인데 나의 경험 하나를 공유한다. 오래전 '금년도 CS 전략' 수립의 프로젝트를 수행한 적이 있다. 당시 나는 마케팅 조직으로 이

동한 지 얼마 되지 않아, 마케팅 용어인 CS가 정확히 무엇을 지칭하는지 헷갈린 상황이었다. 자주 사용되는 용어라 질문하는 것이 다소 민망했지만, CS가 Customer Satisfaction이 되면 프로젝트 범위가 넓어지고, CS가 Customer Service라면 좀 더 집중된 프로젝트 범위가 가능했다. 그런데 CS가 둘 중 어느 것을 말하는 것인지에 대한 질문에 CS팀 팀원조차 자신 있게 답하지 못했다. 자주 사용하는 용어라 굳이 정의 내리지 않았던 것이다. 이후 Customer Service로 정의 내리면서, 프로젝트의 진행 속도가 빨라지기 시작했다. 이 경험은 나에게 아무리 쉽고 당연하게 보이는 주제라도 항상 그 주제 What의 명확화를 짚어 보는 것이 모든 프로젝트의 출발점이 되어야 한다는 교훈으로 오랫동안 자리하고 있다.

Why는 How가 실행되는 추진력이다. Why가 절박하지 않으면 How 실행의 추진력이 생기지 않는다. Why는 목적과 명분을 제공하여 오랜 기간 지속적으로 상대를 움직이게 하는 힘의 근거가 되기 때문이다. 리더십 스킬 역시 마찬가지이다. 새로운 리더십 스킬을 실천한다는 것은 본인 리더십의 큰 변화를 수반하는 것이다. 그리고 그 변화는 누구에게나 불편하며, 지속하기가 쉽지 않다. 이 불편함을 넘어설 수 있는 이유와 목적이 절박해야 하는 이유다. 술을 끊지 못하는 애주가가 몸에 큰 이상이 오면 금주를 바로 실천하고 평생 금주를 유지하기도 한다. 절박한

Why가 생겼기 때문이다. 평소에 아무리 술이 몸에 좋지 않다는 이야기를 들어도 그것은 조언일 뿐 절박한 Why가 아니었기에 금주의 실천으로 이어지지 않는다. 이처럼 리더십 과녁인 What이 먼저 명확해야 하고 리더십의 추진력인 Why가 절박하지 않다면, How의 리더십 실천은 실패할 가능성이 농후하다.

리더십의 What이 명료하고 Why가 절박할 때 우리는 비로소 리더십에 대한 단단하게 이해하고 있다고 이야기할 수 있다. 기업 현장은 매일 전투가 일어나는 전쟁터와 같다. 리더들이 리더십 스킬 실천에 집중하기에는 너무나 처리해야 하는 일들이 많다. 이런 상황에서 리더십의 What과 Why에 대한 단단한 이해가 없다면 아무리 좋은 리더십의 스킬을 배운다 해도 명확한 과녁과 실천 절박함 부족으로 현장에서의 리더십 실천은 지속되기가 어려운 것이다. 여러분도 다음 표에서 What과 Why를 직접 채워 보고, 그 아래 설문도 체크해 보길 바란다.

리더십의 What과 Why	
What	
Why	

A. 자동으로 적힌다

A. 간단한 한마디로 적힌다

A. 언제 어디서나 나의 답변은 동일하다

A. What이 명확하고 구체적이다

A. Why가 최우선으로 아주 절실하다

B. 지금부터 생각을 정리해야 적을 수 있다

B. 답변이 좀 길어진다

B. 매번 조금씩 달라진다

B. 넓고 다소 애매하다

B. 중요하지만 절실하지는 않다

위 설문들에서 모두 A로 답변했다면 여러분은 리더십에 대한 단단한 이해를 지닌 것으로, 리더십의 How를 배울 준비를 잘 갖춘 것이다. 반면 B의 답변이 하나라도 있다면 아직 리더십의 How 부분으로 들어갈 준비가 부족하다.

명확한 what과 절박한 why의 판단 기준

첫째, 리더십 What

그렇다면 리더십 What이 명확한지 애매한지에 대한 그 판단 기준은 무엇일까. "내가 생각하는 리더십은 ○○○라서, 내가 학습하고 노력을 집중해야 할 리더십 스킬은 △△△이야." 이처럼 자신의 리더십이 정의되었을 때 집중해야 하는 리더십 스킬도 분명해진다면 리더십 What이 명확하다고 할 수 있다. "글쎄, 뭘 해야 하지?"라고 생각되면 리더십의 What이 명확하지 않은 것이다. 즉 리더십 스킬이 향하는 과녁이 선명할 정도로 리더 자신의 리더십 정의가 명확해야 한다.

예를 들어 '팀원을 성장시키고 이를 통해 성과를 내는 것이다'라는 리더십 정의를 가진다고 생각해보자. 어떤 리더십 스킬에 집중하면 이 리더십이 잘 발휘될지 떠오르는가? 쉽게 떠오르지 않는다면 리더십의 과녁은 아직 명확하지 않다고 할 수 있다. 리더십 What과 리더십 How의 스킬의 직결성이 높을수록 리더십 What은 명확하다고 할 수 있어 리더십 실천 지속성의 가능성은 그만큼 높아진다.

둘째, 리더십 Why

리더십 Why가 절실하다는 판단 기준은 무엇일까? "나에게 리더십은 ○○○해서 절실해. 그래서 리더십 발휘를 최우선으로 해야 돼." 이처럼 리더십이 중요한 이유로 인해 실천해야 하는 리더십 스킬이 현업에서 업무의 최우선 순위로 생각된다면 리더십 Why는 절실한 것이다. 하지만 "지금 당장 다른 급한 일이 많아 다음에 봐서"라고 한다면 그 Why는 절실하지가 않다. 리더십 Why가 절실한지 아닌지의 기준은 자신의 업무 일정표를 확인해보면 된다. 업무 일정표를 채울 때 무슨 일부터 채워 가는지, 그

	의미	확인 질문
What	넓은 스펙트럼을 가지는 리더십 개념에서 자신이 집중해야 하는 리더십의 실천 과녁	나는 리더십의 어떤 영역을 개선하고 싶고, 그래서 어떤 리더십 스킬을 학습해야 하나?
Why	구체적 리더십 실천 행동을 어떤 주요한 다른 일보다 우선해야 하는 이유	나는 왜 만사를 제쳐두고 리더십 실천에 나서야 하는가?

리고 어떤 일들이 가장 많이 채워져 있는지 보면 리더십 실천이 업무의 최우선인지 판단할 수 있다.

What의 명확화와 Why의 절박함의 여부에 따라 현장에서는 네가지 리더십 실천의 모습이 등장한다.

- **결과 없는 리더십 실천**: 리더십 실천의 절박한 이유는 있지만 집중해야 하는 과녁을 가지지 못한다. 이것 저것 좋다는 리더십 스킬을 조금씩 다 학습하고 실천해 보지만 별 성과는 없어 또 다른 리더십 스킬을 찾아 헤맨다.

- **후순위 리더십 실천**: 집중해야 할 리더십 과녁은 명확히 인식하지만 실천의 절박한 이유는 부족하다. 항상 현업 업무가 바빠 평소는 뒷전이다가 간혹 시간날 때만 리더십 실천 노력을 보인다.

- **내 방식대로의 리더십 실천**: 별도의 리더십 실천 이유도 절박하지 않고, 과녁도 명확치 않다. 내가 해오던 방식대로 하는 것이 리더십이라

고 간주해 버린다.

- 리더십 실천 일상화: 리더십 실천 이유가 절박하여 업무 최우선 순위
로 실천한다. 노력을 집중해야 할 과녁도 명확하여 리더십 실천이 간
단하고 수월해진다.

현장에서 일어나는 리더십 실패는 결과 없는 리더십 실천, 후
순위 리더십 실천, 내 방식대로의 리더십 실천 모습 중 하나로
나타나고 있는데 현장에서 자주 볼 수 있는 모습이다. 리더십 실
천의 실패가 아닌 리더십 실천의 일상화의 필요조건은 바로 리
더십 What의 명확화와 Why의 절박함인 것이다.

리더십 실천의 성공과 실패

	실패 2 후순위 리더십 실천	성공 리더십 실천 일상화
명확한 What	실패 2 후순위 리더십 실천	성공 리더십 실천 일상화
불명확한 What	실패 3 내 방식대로 리더십 실천	실패 1 결과 없는 리더십 실천
	절박하지 않은 Why	절박한 Why

교양 리더십인가
실전 리더십인가

리더십을 배우겠다는 리더들이 리더십 타겟을 명확히 갖고 있지 않거나, 리더십 실천 이유가 절실하지 않다는 사실은 놀라운 일이다. 하지만 리더십 학습과 관련해 일어나고 있는 엄연한 현실이다. 어떻게 보면 리더십이라는 단어는 우상화되어 있는 듯하다. '리더십 로맨스romance of leadership'이라는 용어가 있다. '리더십만 있으면 못 할 게 없고 안 되는 게 없다'는 식으로 리더십에 과도한 믿음을 가지는 인식을 의미한다. 리더십을 우상화하고 낭만화시키는 인식이다. 이런 인식으로 회사에서도 리더십 교육이라고 하면 비용 집행에 크게 인색하지 않는 이유이다.

그런데 왜 현장에서는 리더십이 올바로 실천되지 않는 것일까? 바로 자신의 리더십 현장 실천을 위한 **실전 리더십** 학습이 아니라 '당연히 중요한 리더십' 자체를 학습하는 **교양 리더십**으로 진행되는 부분이 많기 때문이다. 리더십 의미를 '조직을 잘 이끄는 모든 방법'이라는 넓은 의미로 받아들이면 여기에는 수많은 내용들이 포함될 수 있다. 리더십에 관한 책자가 넘치고 있는 이유이기도 하다. 교양 리더십은 그 넓은 내용들을 두루 다 섭렵하며 리더십에 대한 교양 지식을 습득한다. 리더들의 리더십 학습이 교양 리더십이 아닌 실전 리더십이 되기 위해서는 리더십

What이 명확해야 하고, 리더십이 업무의 최우선 순위가 될 정도로 리더십 Why가 절박해야 한다. 그리고 그 What과 Why에 직결되어 실천할 수 있는 가장 간단명료한 툴이 How로 있어야 한다. 학교 다닐 때, '리더십 전공 교수님의 리더십이 제일 약하다'는 농담이 있었다. 교양 리더십 지식이 아무리 많아도 현장에서 실천되는 실전 리더십은 전혀 다른 이야기인 것이다.

리더십 교육을 방금 이수한 팀장 혹은 리더십 책자를 다 읽은 팀장에게 리더십의 What, Why, How를 질문해 보라. 아마 바로 답하지 못하고 창작의 고민이 필요할지 모른다. 이 경우 그 교육과 학습은 교양 리더십으로 끝난 것이다. 자신의 리더십 What과 Why를 따지지 않은 채 여러 멋진 리더십 스킬만 나열하는 '리더십을 위한 리더십leadership for the sake of leadership'의 접근이다.

이 책을 읽고 나면 독자 여러분이 다음의 빈칸을 즉각적으로, 간단한 몇 자로 적을 수 있을 것이다. (간단명료하게 몇 자로 적을 수 있는 것이 중요하다.) 그러면 여러분은 리더십을 실전 리더십으로 확실하게 학습하게 된 것이다.

What	
Why	
How	

2부

리더십의 단단한 이해

리더십의 What
:당신에게 리더십의 과녁은 명확한가?

'Can do everything' 리더십

우리는 직책자 역할이나 책임을 잘 수행하는 역량을 리더십 이라고 이야기한다. 하지만 직책자에게 수반되는 역할은 상당히 많다.

목표 설정 및 성과 관리부터, 전략적 의사 결정, 강한 주도성과 실행, 구성원의 성장, 구성원 동기부여, 팀워크 만들기, 공정한 평가와 피드백, 업무의 전문성 리딩, 팀원들의 멘토링과 코칭, 공사 구분과 솔선수범, 관련 부서와의 협업, 팀원과의 소통과 행복, 신뢰 문화 구축…

이 모든 역할을 잘 해야 하는 것은 'Can do everything'의 리더십 이미지이다. 이런 리더십 이미지를 가질 때, 리더십이 무엇인가에 대한 질문의 답변은 길게 나오기 마련이다. 직책자가 해야 하는 모든 것을 잘 해내는 것이 리더십이라 생각하기 때문이다.

광범위한 리더십 이미지를 갖는 것은 경영자들과 HR 부서도 마찬가지다. 회사의 성과 문제나 기업 문화 문제, 조직 협업 문제, 노사 문제 등이 발생하면 경영자들은 언제나 현장 팀장들의 리더십 문제를 이야기한다. HR 부서는 매년 직책자들의 리더십 수준을 평가하고 피드백하는 리더십 진단을 하는데, 리더십 평가 항목에는 직책자의 역할 A부터 Z까지 모두 포함된다. 하지만 현실에서 이렇게 모든 것을 잘 하는 리더가 존재하기는 할까? 아니면 이렇게 많은 것을 강조해야 그중 하나라도 좋아질 수 있을 거라는 막연한 기대인 걸까?

'모든 것을 하겠다는 것은 아무것도 하지 않겠다'라는 의미와 동일하다. 모든 것이 완벽해야 하는 리더십 이미지는 아무것도 하지 않는 리더십으로 이어지는 주요 원인이 되고 있다. 리더십은 현장에서 실천될 수 있는 한두 가지 집중된 타겟으로 이해하지 않으면 정신없이 돌아가는 현장에서는 좀처럼 실천되기가 어려운 것이다.

매니저와 리더의
개념과 역할 혼동

직책자에게는 크게 매니저와 리더라는 역할이 부여된다. 리더십이 무엇인지 이해할 때 가장 혼동이 많은 부분이 매니저와 리더의 역할 구분이기도 하다. 이 두 가지 역할은 개념적·철학적으로 차이가 있지만, 두리뭉실하게 뭉쳐져 이야기되는 경우가 많다. 두 역할의 명확한 이해를 통해 두 역할의 조화와 통합을 만들지 못하면, 개념적 모순을 모두 잘 해야 한다는 소위 이중적 구속double bind 현상도 일어난다. 현장 리더들의 리더십 발휘를 더 어렵고 복잡하게 만들어 가는 것이다. 가끔 경영진 역시 이 두 역할의 혼동으로 인해 매니지먼트를 염두에 두면서 리더십을 키워야 한다고 리더들에게 강조하기도 하고, 리더십 교육 담당자들 역시 매니지먼트 관련 내용으로 리더십 개발 프로그램을 채우기도 한다.

오버 매니징overmanaging과 언더 리딩underleading의 현실

매니저 역할인 매니지먼트는 직책자의 공식적 역할이자 책임이다. 인사권과 예산권을 공식적으로 위임받아 매니지먼트 프로세스라는 계획planning, 조직organizing, 지시directing, 통제controlling의 활동으로 성과를 얻고자 하는 역할이다. 매니지먼트의 대상은 업무(일)로, 팀의 업무를 매니지먼트하는 것이다. 팀원 입장에서 매니저의 지시를 따르고 수행하는 동인은 'I have to do'이다. 상사가 마음에 들지 않아도 인사권과 예산권을 지닌 상사의 권한 때문에 상사가 요구하는 것을 하지 않으면 안 되는 입장에 있게 된다.

반면 리더의 역할인 리더십은 직책자의 비공식적 역할이다. 매니저가 일을 대상으로 계획, 조직, 지시, 통제하는 활동과 달리, 리더는 비저닝visioning, 임파워링empowering, 동기부여motivating, 코칭coaching 등의 활동을 한다. 이 활동의 대상은 일이 아닌 사람이다. 사람을 대상으로 하는 활동으로, 모두 '소통'에 속한다. 소통을 통해 비저닝, 임파워링, 동기부여, 코칭 등이 일어나며, 매니저가 하는 매니지먼트의 중심에는 '일'이 있다면, 리더가 하는 소통 활동의 중심에는 '사람'이 있는 것이다.

매니저의 역할인 매니지먼트는 공식적 역할이기에, 역할에 따른 업무를 수행하지 않으면 책임이 뒤따르게 된다. 반면 리더의 경우, 리더십 발휘는 비공식적 역할이기 때문에 수행하지 않더라도 당장 눈앞에 생기는 문제는 없다. 심지어 비저닝, 임파워링, 동기부여, 코칭과 같은 소통 스킬에 관심을 보이지 않는 사람이 높은 직책자로 승진하는 불편한 경우를 적지 않게 보기도 한다.

생성형 인공지능에게 리더십 정의 중에서 공통적으로 가장 많이 등장하는 단어가 무엇인지 물어보았는데, 그 답변은 '영향력

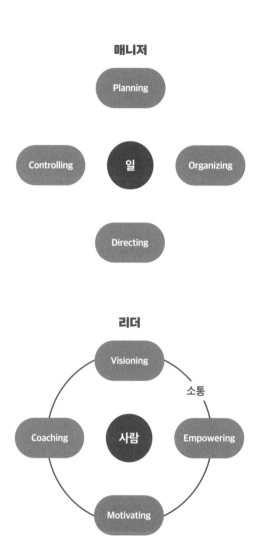

influencing'이었다. '리더십은 영향력'이라는 것은 인공지능이 언급할 정도로 가장 간단하고 일반적 정의라 할 수 있다. 그런데 영향력이라는 단어는 우리에게 확 다가오는 개념은 아니다. 그래서 나는 'influencing'이라는 단어를 '변화 영향력'이라고 정의 내리고자 한다. 비저닝, 임파워링, 동기부여, 코칭 등의 리더십 행동을 통해 얻고자 하는 것은 상대를 어떤 방향으로 변화시키려는 영향력이기 때문이다.

그런데 리더십을 '변화 영향력'으로만 정의하는 것 또한 반쪽짜리 이야기일 뿐이다. 상대를 변화시키는 영향력이라는 것은 리더십 행동의 목표이자 결과 변수이지 리더가 사전에 통제할 수 있는 것이 아니다. 팀원들에 대한 '변화 영향력'이 전달되는 채널과 사전적 수단은 오직 소통뿐이다. 그래서 수단과 결과가 모두 포함된 온전한 리더십의 정의는 '소통을 통한 변화 영향력 발휘'라 할 수 있다.

소통 채널

영향력 영향력 영향력

리더   팔로워

매니저도 권한을 통해 영향력을 행사하고 있는 것 아닌가라는 이야기를 할 수도 있다. 하지만 매니저가 팀원을 움직이게 하는 동인은 'I have to do'로 팀원들의 내적 변화는 발생하지 않는다. 그래서 매니저의 권한 행사는 변화 영향력을 주는 것이 아니라 '외적 순응'만을 유발시킬 뿐이다. 리더십에 의해 팀원들이 가지게 되는 동인인 'I want to do'이다. 이는 팀원들의 믿음, 몰입 등의 변화가 발생하는 것이고, 리더가 '변화 영향력'을 미치는 것이다.

요약하면, 매니저의 역할은 일에 대한 것이고, 리더의 역할은 사람에 대한 것이다. 그리고 이 두 가지 역할은 직책자들에게 모두 중요하다. 이미 많은 책과 이론에서 리더십을 소프트 스킬(소통과 대인관계 스킬) 중심으로 이야기하고 있지만, 테일러리즘 이후 기업을 지배해 온 매니지먼트의 관성이 워낙 강해 여전히 관리와 통제의 매니지먼트 스킬(계획, 조직화, 의사 결정, 자원 배분, 성과 평가 등)을 리더십의 중심으로 생각하는 경향이 짙다.

이미 팀원들은 상사의 과도한 매니지먼트와 과소한 리더십 환경overmanaged-underled에 처해 있다. 그럼에도 직책자들은 오버 매니지먼트overmanagement를 여전히 우수한 리더십으로 생각해 잘못된 방향으로 강화가 일어나고 있는 것이다.

리더십의 영감적 정의inspirational definition와
실천적 정의operational definition

"리더십은 사람들의 잠재력의 문을 여는 것이다(Leadership is unlocking people's potential to be better)."

미국 농구 선수이자 정치가인 빌 브래들리Bill Bradley가 내린 리더십의 정의이다. 통찰이 가득하면서도 시적인 감성까지 담아낸 정의이다. 하지만 이런 정의의 문제는 실천적이지 않다는 것이다. '이런 리더가 되고 싶다'는 영감은 불러일으키지만 무엇을 어떻게 해야 그들의 잠재력을 깨울 수 있을지에 대한 실천적 힌트는 전혀 없다. 즉 리더십 실천의 과녁이 없는 것이다. 실천을 촉발하기 위해서 우리에게 필요한 것은 영감적 정의가 아닌, 실천적 정의이다. 실천적 정의는° 멋있고 화려한 정의가 아닌, 현장에서 실천과 직결될 수 있도록 구체적 실마리와 과녁을 제공하는 정의이다.

영감으로 넘치는 정의는 대부분 실천적 정의까지 내려가지 않는다. 리더십 정의의 '품격'이 저하되기 때문이다. 멋있는 정의를

• 참고로 실천적 정의는 실증적 학술 연구에서 항상 필요한 개념이다. 일반적으로 조작적 정의라는 표현을 자주 사용하는데 어감이 좋지 않아 실천적 정의라는 표현을 선택했다. 구체적이고 실증적 연구가 되기 위해서는 멋있는 이론적 정의를 실천적 정의로 치환해야만 그때부터 실증 연구가 진전될 수 있다.

내리는 분들은 여기까지가 자신의 역할이고 실천적 정의부터는 현장 리더들의 몫이라고 생각하는 경향이 많다. 하지만 아쉽게도 현장 리더들 역시 실천적 정의까지 만들어 낼 여유가 없어 그들이 학습한 영감적 정의에 그대로 머물게 된다.

팀장들의 리더십 워크숍에서 '당신의 리더십 정의는 무엇입니까?'라는 질문에 나온 답변들 역시 한결같이 영감적 정의에 머물고 있었다. 나는 현장 리더들이 이러한 영감적 정의가 중심이 되는 리더십의 이해가 현장에서 리더십 실천이 실패하는 원인 중 하나라고 확신한다.

리더십은 조직 구성원들을 하나의 힘으로 결집시키는 것이다.
리더십은 탁월한 성과를 내는 것이다.
리더십은 팀원을 성장시켜 성과를 잘 내게 하는 것이다.
리더십은 팀원들을 움직이게 하는 영향력이다.

모두 멋진 영감적 정의이지만 한결같이 리더십 발휘의 결과로 얻을 수 있는 결과 변수만 포함하고 있다. 결과 변수 자체는 우리가 통제할 수 없다. 우리가 실천의 과녁을 가지는 정의가 되려면 구체적 실천 수단의 힌트가 포함되어야 한다.

리더십 스킬의 명확한 과녁 찾기

리더십 실천을 위해서는 영감적 정의에서 한 단계 더 전진하여 리더십 스킬이 향하는 과녁의 구체화된 실천적 정의를 반드시 지니고 있어야 한다. 생성형 AI가 알려준 리더십의 가장 일반적 정의는 '리더십은 변화 영향력'이었다. 변화 영향력은 사전적으로 통제할 수 없는 사후적 결과 변수이고, 여전히 수단 변수가 없는 영감적 정의이다.

1차 정의: 리더십은 변화 영향력이다.(영감적 정의)

영향력을 전달할 수 있는 유일한 채널은 '소통'이다. 소통을 통해 비저닝, 동기부여, 코칭도 할 수 있다. 리더의 수단 변수는 바로 소통인 것이다.

수단 변수를 포함시켜 2차 정의를 내려보자.

2차 정의: 리더십은 소통을 통한 변화 영향력이다.

수단 변수와 결과 변수가 다 포함된 보다 완벽한 정의이다. 하지만 더 간단하고 과녁에만 집중된 3차의 실천적 정의를 추천하고 싶다.

3차 정의: 리더십은 소통이다.(실천적 정의)

3차 정의는 역시 품격이라는 면에서는 초라하다. 하지만 이 정의를 통해 우리는 리더십 스킬이 향해 갈 소통이라는 명확한 리더십의 과녁을 가질 수 있게 될 것이다.

경영자들의 연설에는 '리더십을 혁신하자'라는 표현이 자주 등장한다. 이를 듣는 직원들 입장에서는 리더십의 '무엇을' 혁신해야 하는지 애매할 뿐이다. 또한 이 표현을 강조하는 경영자조차 무엇을 혁신하고 싶은지 불분명한 경우가 많다. 하지만 위와 같은 실천적인 리더십 정의를 갖게 되면 리더십 혁신은 바로 리더들의 '소통 방식의 혁신'이라는 명확한 인식을 가질 수 있게 된다.

리더십 학습 역시 마찬가지다. 가령 회사로부터 리더십 교육에 참가하라는 통보를 받았을 때, 직책자들은 이번 리더십 코스에서는 또 무엇을 배울지 막연하다. 교육 담당자 역시 매번 진행해야 하는 리더십 교육 주제에 대해 고민한다. 이런 상황에서 '리더십은 소통이다'라는 실천적 정의를 갖게 된다면, 리더십 학습에 참석하는 리더는 바로 소통의 스킬을 배우기를 기대하는 것이고, 리더십 교육 담당 조직은 바로 소통 스킬을 학습시키고 싶을 것이다.

뛰어난 개인에서 매니저로,
그리고 리더로

팀원 시절에는 나만 일을 잘 하면 되는 개인 기여자individual contributor로서 일을 하게 된다. 그중 일을 잘 하는 팀원들은 팀장으로 승진하게 된다. 우수한 팀원이 우수한 팀장이 될 가능성이 크다는 가정이다. 하지만 팀장부터는 역할이 완전히 달라진다. 그렇기 때문에 우수한 팀원이 우수한 팀장이 된다는 보장은 전혀 없다.

팀장이 되면 공식적 역할인 매니저로 성장하게 된다. 이 역할에서는 혼자가 아니라 조직이 잘 해야 성과가 나게 된다. 매니저에게는 조직을 움직이게 하는 인사권과 예산권이라는 권한이 부여된다. 이 권한이 충분치 않을 때, '권한도 충분히 주지 않으면서 어떻게 사람들을 움직이게 하라는 것인지'에 대한 불만을 토로하게 되는데 주로 권한의 힘으로 팀원들을 움직일 수 있다는 강한 인식 때문이다.

매니저 단계보다 하나 더 높은 성장이 바로 리더로 성장하는 것이다. 소통에 의해 사람을 변화시키는 영향력을 미치게 되는 단계이다. 팀원의 믿음, 몰입, 열정, 역량 등의 변화에 영향을 주는 것이다. 이런 변화로 인해 팀원은 'I want to do'의 입장으로 바뀌게 된다. 사람의 변화를 활성화시켜 영향력을 미치는 것이기

에 사람을 움직이는 힘에 있어서 권한에 의존한 외적 순응보다
클 수밖에 없다. 외적 순응은 근본적으로 상대의 변화를 수반하
지는 않은 채 집행시킬 뿐이다. 리더십은 근본적으로 팀원의 몰
입을 변화시키는 영향력이다. 따라서 리더는 매니저보다 한 수
더 높은 성장 단계라 할 수 있다.

  이제 우리는 확실히 매니저와 리더의 역할을 구분할 수 있게
되었다. 우리가 원하는 리더십 성장은 매니저를 넘어선 리더 단
계라는 점을 인식해야 한다.

세 가지 리더 유형

매니저와 리더의 역할 비중에 따라 현장에는 세 가지 유형의 리더가 존재한다.

현실에서의 팀장 유형

▶ **M형 Manager 일변도 팀장**

M-1형 Manager 역할이 시급하고 우선
M-2형 Leader 역할은 오히려 Manager 역할에 방해
M-3형 Leader 역할은 건성 혹은 엉뚱하게

▶ **L형 Leader 일변도 팀장**

착한 리더 증후군이 강한 사람

▶ **ML형 Manager와 Leader를 결합시키는 팀장**

Manager 역할과 Leader의 역할을 조화와 시너지

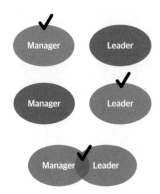

M형 리더

리더보다는 매니저 역할을 리더십 중심으로 바라보고 조직을 이끌어가는 리더이다. 이들은 계획과 통제에 이르는 매니지먼트 프로세스를 통해 성과를 내는 일이 가장 시급하고, 일에 집중하는 역할만으로도 벅차다고 생각한다.

M형은 세 가지 형태로 세분화된다. 일에 집중해서 성과를 내야 하는 역할만으로도 이미 벅차다는 리더(M1형), 회사라는 조

직에서 팀원 소통과 배려 강조는 오히려 팀원들을 유약하게 하고, 효율성을 떨어뜨려 성과 창출에 도움이 되지 않는다는 리더 (M2형), 사람에 관심을 갖는 척만 하는 리더(M3형)이다. 이들은 팀원들을 가장 잘 움직이게 하는 힘은 권한을 활용한 당근과 채찍의 절묘한 조합이라고 믿는 리더들이다.

L형 리더

M형 리더의 대척점에 있는 리더로, 일에는 상대적으로 관심을 덜 갖고 사람에게만 집중하는 직책자들이다. '착한 리더 증후군'을 가진 리더들에게 많이 보이는 모습이다. 이들은 리더십을 성과 창출을 위한 변화 영향력으로 이해하기보다 팀원을 배려하는 것으로만 이해하는 유형이다. 일의 진척과 의사결정이 느린 문제점을 보이기도 한다.

ML형 리더

매니지먼트와 리더십의 균형을 갖춘 리더이다. 가장 바람직한 유형으로, 일과 사람 모두 균형 있는 관심을 갖는 리더이다. 가장 높은 성과를 내며, 우리가 희망하는 모델이다. 갤럽에서도 '성과 지향 리더가 우선인가 팀원 몰입 리더가 우선인가'라는 연구에서 매니지먼트와 리더십을 함께 갖춘 직책자가 고성과 리더의 특성이라는 점을 발견했는데, 이는 ML형 리더의 필요성을 보여주는 것이다.

"우리가 발견한 것은 리더들이 직원의 몰입에 집중하는 것과 업무 성과에 집중하는 것 사이에 선택할 필요가 없다는 것이다. 고성과 리더는 이 두 가지를 모두 수행한다. 한 가지 접근만을 강조하고 다른 접근 방식을 무시하는 리더는 직원의 몰입과 성과가 다 같이 낮아지는 위험에 빠지게 된다."[*]

이 세 가지 리더 중 어느 유형의 리더가 우리 주위에서 많을까? 경험상 조직에서 약 70% 정도는 M형 리더인 듯하다. M형 리더가 집중하는 리더십 스킬은 분야 전문성과 경험에 집중하는 하드 스킬 중심이다. 소통은 명령, 지시, 훈시, 확인과 같은 원웨이one way 중심이라 양방향 소통을 다루는 소프트 스킬 구사력은 매우 약하다.

경영층과 수많은 리더십 책자 및 교육 프로그램에서 리더십의 중요성을 그렇게 강조하는데 왜 여전히 리더들은 소프트 스킬을 소홀히 하는 M형 리더가 다수일까? 혹자는 M형 리더를 이기적이고 냉혹한 인성의 문제로 지적하지만, 내가 아는 M형 리더들은 이기적이지도 않았고, 인성의 문제는 더더욱 아니었다. 문제

---

* Annamarie Mann and Ryan Darby, 'Should Managers Focus on Performance or Engagement?', Business Journal, 2014.

는 바로 리더들이 지니고 있는 본인만의 성과 창출 방식에 대한 믿음에서 기인한 것이었다. 매니지먼트 중심의 M형 리더십이야말로 성과를 가장 확실히 창출시킨다는 믿음을 강하게 가지고 있기 때문이었다. 이들의 믿음은 과연 맞는 것일까? 이 믿음이 맞는지는 다음 장에서 알 수 있게 될 것이다.

리더십 Why
: 당신에게 리더십은 절실한가

고상한 이유의 리더십과
절실한 이유의 리더십

'조직의 힘을 잘 결집시키기 위해'

'조직을 신뢰가 높은 팀으로 만들기 위해'

'팀원들의 존경을 받을 수 있는 멋진 리더가 되기 위해'

'팀원의 성공과 팀의 성공을 일치시키기 위해'

'팀원들의 동기 유발을 잘 시키기 위해'

'리더십이 당신에게 중요한 이유는?'이라는 질문을 던졌을 때 현장 리더들로부터 자주 들었던 예들로 리더십이 중요하다는 것을 보여주는 멋지고 고상해 보이는 답변들이다. 문제는 고상해 보이는 대답들이 리더들에게 당장 다른 일을 제쳐두고 최우선

순위로 소매를 걷어 부쳐야 할 정도로 절박해 보이지는 않는다는 것이다. 현장 리더들에게 가장 절박한 이슈는 오직 성과 창출이다. 그들 시선의 처음과 끝은 언제나 '성과'로 향해 있다. 따라서 현장 리더들에게 리더십 실천은 '성과 창출'이라는 절박한 고민에 비해 부수적인 것으로, 후순위로 밀려나게 된다. 리더십 학습 과정에서 마음 먹었던 리더십 스킬의 실천 다짐이 현장으로 돌아오면, 성과에 중요한 업무들로 인해 후순위로 밀려나 버리는 것이다.

소통이라는 리더십 발휘가 성과 창출에 직결되고 강한 성과 임팩트를 주지 않는다면, 리더십 스킬을 실천할 이유가 절실하지도 시급하지도 않게 된다. 현장 리더들에게는 소통보다 성과 임팩트가 더 크고, 이보다 시급한 일들이 널려 있기 때문이다.

리더들의 성과 창출 방정식

리더십 훈련을 받음에도 불구하고 직책자들의 리더십 발휘 수준은 왜 높아지지 않을까? 왜 아무리 좋다는 리더십 스킬도 현장 리더들에게 공허한 외침이 될까? 이유는 간단하다. 리더들의 성과 창출 방정식에서는 리더십 발휘보다 성과에 임팩트가 훨씬 크고 중요한 일들이 우선이기 때문이다. 리더들은 각자의 경험을 바탕으로 나름의 성과 창출 방정식을 갖고 있다. 이 방정식은 대개 본인의 경험을 토대로 만들어지며, 쉽게 변하지 않는다. 그래서 리더십 학습서나 교육에서 강조하는 여러 리더십 스킬들이 그들의 성과 창출 방정식으로 새롭게 반영되는 것은 그만큼 어렵다. 따라서 리더십 학습 이전에 먼저 해야 하는 것은 자신의 성과 창출 방정식에 대한 리뷰이다. 자신이 확신하고 있는 성과 창출 방정식이 현재 환경에서도 성과 창출에 유효성을 발휘하고 있는지, 어떤 리더십 발휘가 자신의 성과 창출 방정식에서 중요한 부분을 차지하고 있는지 본질적인 리뷰가 리더십 실천의 출발이 되어야 한다.

최근 VUCA*라고 하는 기업 환경의 변화는 성과 창출의 본

• VUCA: Volatility(변동성), Uncertainty(불확실성), Complexity(복잡성), Ambiguity(모호성)

질을 근본적으로 변화시키고 있다. 우리가 익숙하게 해왔던 성과 창출 방식들이 새로운 환경에서 고장나기 시작한 것이다. 성과를 낸다고 해도 그것은 누가 와도 비슷하게 만들어 내는 평범한mediocre 성과 이상을 넘지 못하고 있다. 오히려 과거의 방식과 대척에 있던 방식들이 차별적 성과를 창출하기 시작했다. 글로벌 회사들에서는 이런 성과 창출의 본질적 변화에 발빠르게 대응했고, 리더들은 이미 새로운 성과 창출 방정식으로 무장하고 나섰다.

하지만 한국 기업의 경우 환경 변화에 대한 대응이 상당히 지체된 상황이다. 이는 성과 본질과 창출 방식에 대한 인식이 과거 연장선에 머물고 있기 때문이다. 요즘 많은 리더들이 성과 창출과 조직 관리가 예전보다 어려워지고 있음을 토로하는데, 이는 리더들 각자의 성과 창출 방정식이 지금의 경영 환경과 점차 간극이 벌어지고 있다는 반증이기도 하다. 성과의 본질이 달라졌는데도 과거의 방식을 고집하는 데서 나타나는 문제인 것이다.

성과 본질의 변화

1) 편도체 성과에서 전두엽 성과로

뇌 신경 과학이 풀어낸 성과 창출의 비밀

최근 뇌 신경 과학의 획기적 발전은 사람의 마음 혹은 뇌라는 신비 세계의 문을 활짝 열어 눈에 확인되고 설명 가능한 과학의 세계로 우리를 인도했다. 뇌 신경 과학의 발달은 두뇌의 어떤 부분이 어떤 역할을 하고 두뇌의 활성화가 어떤 매커니즘으로 일어나는지를 알 수 있게 하였으며, 더 나아가 우리의 성과 창출의 비밀을 풀어냈다. 오랜 시간 사람의 심리나 동기부여 매커니즘은 인문학 혹은 철학적 사고를 중심으로 설명되었으며, 과학적 증거보다는 사유적이거나 경험적 유추에 가까웠다. 그러다 보니 어떤 방법의 동기부여가 효과적인지에 대해서는 사람에 따라 선호가 달라 논쟁의 대상이 되어 왔다.

오래 전 이야기지만 과거 동료와의 논쟁이 생각난다. "인류 역사상 사람들을 움직이게 하는 가장 강력한 힘은 두려움이었어요. 회사도 마찬가지예요. 평가와 보상이 두려움을 약화시키는 방식으로 바꾸는 것은 일하는 동기를 약화시킬 뿐이죠." 당시는 나는 변변한 대응을 할 수 없었고, 그 친구가 논쟁의 승리자였다. 하지만 이제, 뇌 과학의 발달은 이와 같은 논쟁의 종지부를 찍었다.

두뇌 활용의 극대화

일의 성과를 결정하는 뇌의 대표적인 영역은 전두엽(전전두피질)과 편도체이다. 전두엽은 주로 합리적 판단과 대인관계 능력, 실행 능력을 수행하는 두뇌 역할이다. 의사 결정, 문제 해결, 주의력 집중과 같은 다양한 인지 기능뿐 아니라 소통과 공감과 같은 대인 관계의 비인지적 기능을 담당한다. 반면 편도체는 위협 상황을 빠르게 감지하고 대응한다. 수렵 시대 인간의 최우선 과제는 생존이었다. 사냥을 하면서 마주치는 맹수와의 대치는 생사가 오가는 위기 상황이었고, 이때 편도체는 위협 상황을 빠르게 알아차리고 싸우거나 도망가는 두 가지 옵션(투쟁-도망)에 가장 효과적으로 몸의 대응 상태를 만드는 역할을 했다. 복잡한 인지적 사고의 두뇌 부위를 정지시키고 모든 에너지를 몸의 근육으로 집중시킨 것이다.

전두엽과 편도체는 시소처럼 반대로 움직여, 편도체가 활성화되면 전두엽은 그 기능이 심하게 저하된다. 전두엽은 신뢰감, 관계감, 안전감 등 긍정적 정서가 높을 때 활성화되는 반면, 편도체는 두려움, 압박감, 긴장감 등 부정적 정서가 높아질 때 활성화된다. 그러나 생존 문제 등을 다루는 '원초적' 두뇌인 편도체의 힘은 '진화적' 두뇌인 전두엽을 압도한다. 즉 편도체가 활성화되면

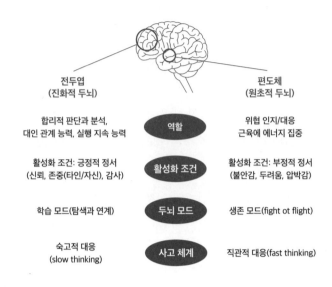

전두엽 (진화적 두뇌)		편도체 (원초적 두뇌)
합리적 판단과 분석, 대인 관계 능력, 실행 지속 능력	역할	위협 인지/대응 근육에 에너지 집중
활성화 조건: 긍정적 정서 (신뢰, 존중(타인/자신), 감사)	활성화 조건	활성화 조건: 부정적 정서 (불안감, 두려움, 압박감)
학습 모드(탐색과 연계)	두뇌 모드	생존 모드(fight ot flight)
숙고적 대응 (slow thinking)	사고 체계	직관적 대응(fast thinking)

전두엽의 합리적 판단 기능을 아예 납치해 버리는 '편도체 하이 잭hijack' 현상이 나타나 전두엽 기능이 저하돼 정상적 판단을 잘 할 수 없게 되는 것이다.

지금은 두뇌가 일을 하는 지식경제 시대이다. 시대에 맞게 지 식 성과를 창출하는 두뇌의 메커니즘은 너무 명백해졌다. 두려 움과 압박감 같은 부정적 정서를 줄여 편도체를 안정화시키고 긍정적 정서를 높여 합리적 판단과 대인관계 능력, 실행 능력을 발휘하는 전두엽을 활성화시켜야 한다.

직관사고fast thinking가 만드는 편도체 성과
숙고사고slow thinking가 만드는 전두엽 성과

심리학자 최초로 노벨 경제학상을 수상한 대니얼 카너먼Daniel Kahneman 교수는 인간의 사고 시스템은 시스템1과 시스템2 두 가지로 작동한다고 말한다. 시스템1은 직관 사고 영역으로 상황에 대한 즉각적이고 직관적 판단으로 빠른 대응을 할 수 있게 하고, 시스템2는 숙고 사고 영역으로 상황에 대한 합리적이고 숙고적 판단으로 신중한 대응을 할 수 있게 한다.

시스템1은 아주 급박한 상황에서 빠른 대응으로 생존을 높이는 중요한 역할을 하지만 직관이 가지는 주관적 편향과 오류의 약점이 크다. 단순 반복적인 일에는 시스템1의 작동이 일의 효율성을 높여 주지만, VUCA의 특성이 높은 일에서는 시스템1이 주관적 편향의 오류를 더 많이 발생시키게 되므로 시스템2의 신중하고 숙고적 판단이 우리에게 더 필요한 사고 시스템이 되는 것이다. 그런데 우리의 뇌는 시스템2의 숙고적 판단이 보다 많이 작동해야 하는 상황에서도 여전히 급박한 상황의 대응인 시스템1의 활성화로 의사결정의 많은 오류를 만들어 내고 있다는 것이 대니얼 카너먼의 인사이트이다.

편도체가 만드는 성과는 직관적 대응의 시스템1의 성과다. 편도체의 활성화로 전두엽은 활성이 저하되고, 직관적 대응 정도에 머무는 것이다. 전두엽 활성화로 만드는 성과는 시스템2의 성과로 이해할 수 있다. 편도체가 안정화되고 전두엽이 활성화하여 숙고적 사고의 시스템이 활발하게 작동하게 되는 것이다.

하루 종일 활성화되어 있는 편도체

우리를 위협하던 맹수는 더 이상 존재하지 않는다. 그러나 맹수와 조우하는 순간 활성화되었던 편도체는 직장에서 과거보다 더 자주, 장시간 활성화되고 있다. 왜 그런 것일까. 사방팔방 주위를 맴돌고 있는 사회적 맹수들 때문인데 대표적인 사회적 맹수가 직장 상사일 것이다. 상사 앞에서는 불편함과 두려움이 앞서고 자신도 모르게 긴장감은 몸 전체로 확산되면서, 편도체가 활성화되는 것이다.

직장 생활은 압박감과 스트레스의 연속이다. 종일 활성화되는 편도체로 인해, 정작 활성화되어 많은 일을 해야 하는 전두엽의 기능은 저하된다. 오늘날 직장에서 느끼는 강한 압박감과 긴장감, 무너지는 자존감, 수치, 분노, 학습된 무기력감 등의 부정적 정서는 팀원들의 편도체를 활성화시키고 전두엽 기능을 저하시키고 있다. 이와 관련한 경험 하나를 공유해 보고자 한다.

나는 새로운 조직으로 옮기고 얼마 되지 않아 부문장에게 보고할 일이 있었다. 업무 파악이 충분히 되지 않았던 나는, 산하 팀장과 함께 보고에 임했고, 부문장의 질문에 팀장이 잘 대답해 줄 것을 기대했다. 부문장의 질문이 이어졌지만, 팀장은 더듬거리고 횡설수설하며 제대로 된 답변을 하지 못했다. 일도 잘하고, 언변도 좋은 팀장이었기에 어려운 질문이 아님에도 불구하고 안절부절하는 모습에 나는 당황스러웠다. 보고 후 상황에 대해 물어 보니, 순간적으로 머릿속이 하얗게 변해 제대로 답변할 수 없었다고 했다. 알고 보니 팀장은 부문장에게 몇 번 크게 혼난 적이 있어, 부문장 앞에서 통제할 수 없을 정도로 편도체가 활성화되었던 것이다. 편도체 활성화가 이성적 판단과 사고를 얼마나 마비시키는지 확인할 수 있었던 경험이었다.

전두엽 성과 중심인가 편도체 성과 중심인가

리더에 따라 높은 압박감과 두려움이 팀원들을 열심히 일 하게 만든다는 신념을 갖고 있는 경우가 있다. 이들은 성과를 위해 팀원들의 편도체를 활성화하고자 하는 리더들이다. 강한 지시와 피드백으로 팀원을 자신의 완벽한 통제권 하에 두고, 당근과 채찍이라는 전통적 동기부여 방식이 성과 창출의 지름길이라 믿는다. 이런 리더들은 생각보다 많은 수로 존재하며, 어떤 경우는 기업 문화 자체가 편도체 성과 창출 방정식을 지지하는 경우도 있다.

전두엽은 편도체와 반대로 동료애, 소속감, 성취감 같은 긍정적 정서가 높을 때 활성화된다. 이러한 긍정적 정서는 곧 개인의 행복감이기도 하다. 전두엽의 판단, 분석, 집중 기능들을 활성화시켜 높은 성과 창출의 원천이 된다는 믿음이 전두엽 성과 중심의 성과 창출 방정식이다. 최근 들어 기업마다 행복 경영이라는 것이 큰 화두가 되고 있다. 행복 경영이라는 단어가 단지 듣기 좋은 수사적 용어라는 생각하는 사람들이 많은데, 이는 편도체 안정화와 전두엽 활성화가 성과 창출의 비밀이라는 것을 전혀 모르는 이야기다. 행복 경영은 전두엽 활성화 경영이라고 할 수 있다. 팀원들이 행복할 때 편도체가 안정화되고, 전두엽이 더 활성화되어 높은 성과로 이어진다는 믿음이 바로 행복 경영인 것이다.

일을 중심에 두고 사람을 수단화해 지시와 강한 통제, 당근과 채찍의 압박감을 근간으로 하는 전통적 매니지먼트 방식은 기본적으로 편도체 성과 창출 방식이다. 마치 로봇처럼 지시나 명령의 실행 그리고 주어진 표준의 집행에만 집중시키는 것이다. 반면 전두엽 성과 창출 방식은 팀원들과의 신뢰 구축으로 심리적 안전감을 만들어 두려움을 낮추고 일의 주인감, 성취감과 같은 긍정적 정서를 높일 수 있도록 소통을 근간으로 하는 리더십을 발휘하는 것이다.

여러분의 성과 창출 방정식을 리뷰해 보길 바란다. 편도체 성과와 전두엽 성과 중 어떤 성과를 주로 선택해 왔는가. 그리고 앞으로는 어떤 성과에 집중할 것인가. 이제 여러분이 만들어야 할 성과는 분명해졌다. 편도체 성과가 아니라 바로 전두엽 성과이다. 그리고 전두엽 성과의 창출 방식은 지시와 통제의 매니지먼트가 아니라 바로 소통을 중심으로 한 리더십 발휘이다.

구글, 고성과 팀의 비밀을 알아내다

편도체 안정화의 중요성을 잘 보여주는 대표적 사례는 구글의 아리스
토텔레스 프로젝트Project Aristotle이다. 구글은 높은 성과를 내는 팀의 비
밀이 알아내기 위해, 지속적으로 성과가 높은 팀과 성과가 낮은 팀을
구분해 성과에 어떤 요인이 큰 영향을 주고 있는지를 분석하였다. 좋은
학교 출신의 엔지니어가 많은 팀, 장시간 일하는 팀, 임금 수준이 높은
팀 등의 가설이 있었지만 그 어느 것도 해당되지 않았다.

놀랍게도 팀 성과에 가장 큰 요인은, 팀원의 심리적 안전감psychological
safety이었다. 넓은 의미에서 심리적 안전감은 조직 구성원이 자유롭게
의사소통할 수 있는 분위기를 뜻하며 구체적으로는 혹시 모를 응징에
대한 두려움에서 벗어나 무엇이든 스픽업할 수 있는 분위기를 의미한
다. 즉 심리적 안전감이란 편도체를 활성화시키는 두려움과 위협의 대
척점에 있는 개념이라 할 수 있다. 이처럼 심리적 안전감은 편도체 안
정화의 중요한 조건이고, 편도체 안정화는 전두엽 활성화의 조건이 되
어, 구글 고성과 팀의 성과 창출의 비밀이었던 것이다.

2) 전술적 성과에서 적응적 성과로

시켜서 잘 하는 성과와 알아서 잘 하는 성과

경영 컨설턴트인 닐 도쉬Neel Doshi와 린지 맥그리그Lindsay McGregor
는 성과를 전술적 성과와 적응적 성과로 구분하고 이 두 가지의
성과 창출 방식이 완전히 다르다고 말한다.[*] 이는 현재 일어나고
있는 성과 창출 방정식의 변화를 아주 잘 설명해 주는 인사이트
이다.

전술적 성과는 계획과 표준을 잘 따르고 실천하는 능력에 의
한 성과이며, 계획과 표준에 집중하고 일관성을 유지하여 최대치
의 효율성과 생산성을 얻고자 하는 성과이다. 예를 들어, 콜센터
상담원은 사전에 주어진 표준 스크립트를 토대로 상담하며 상담
고객 수를 높이는 성과를 달성하고자 한다. 이때 계획과 표준을
벗어나는 상담일수록 성과에 비효율이 추가된다는 인식이다.

반면 적응적 성과는 계획대로 하는 수행 능력이 아닌, 계획을
벗어나는 능력의 성과다. 예를 들어, 콜센터 상담원이 표준 스크
립트로 커버되지 않은 예외적 상황에서 개인의 재량적 대응으로
고객 문제를 해결해 주는 성과이다. 생산성과 효율성 저하될 수
있지만 고객 문제 해결이라는 효과성 성과를 창출할 수 있다. 쉽

● 닐 도쉬·린지 맥그리거, 유준희·신솔잎 역, 〈무엇이 성과를 이끄는가〉, 생각지도, 2021.

게 말해서 전술적 성과는 '시킨 대로 잘하는' 능력의 성과이고, 적응적 성과는 '스스로 알아서 잘 하는' 능력의 성과이다. 모든 기업들의 화두인 '혁신'이라는 것도 계획과 표준대로 하는 전술적 성과로는 절대 얻을 수 없고, 오직 계획과 표준을 벗어나야만 얻을 수 있는 적응적 성과의 대표 성과라 할 수 있다.

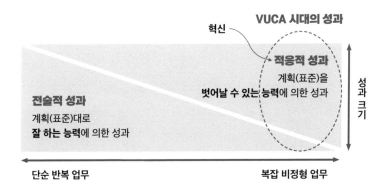

VUCA 시대의 성과

여러분 조직의 성과 구성은 어떠한가. 전술적 성과 중심일 수도, 적응적 성과 중심일 수도 있다. 어느 조직이나 두 성과는 함께 존재하지만 그 비중은 조직마다 다양하다. 분명한 점은 성과 중심이 급격히 적응적 성과로 넘어가고 있다는 것이다. 오늘날 조직 업무들은 VUCA 특성으로 상당히 변화했다. 업무 속성이 수시로 변화되고Volatility, 어느 방향으로 튈지 확실하지 않고Uncertainty, 업무 변수들이 너무 복잡해지고complexity, 애매해지고

ambiguity 있다. 이런 이유로 현장의 실전 상황은 계획과 표준을 벗어나는 예외적 상황이 차라리 일상화되고 있는 것이다.

오랜 기간 직책자의 가장 중요한 역할은 명확하고 구체적인 지시와 가이드라인 제시였다. 그리고 팀원들은 여기에 맞추어 열심히 실행하는 것이 상사의 기대였다. 그런데 요즘의 업무들은 수시로 변화하는 시장과 고객의 상황을 계획과 표준으로 커버할 수 없는 지점에 이르게 되었다. 대부분의 상황이 경험치에 없는 예외적 상황이 된 것이다. 이와 같은 상황 변화로 인해 상사들이 팀원들에게 바라는 기대도 '쓸데 없는 것 하지 말고 시킨거나 열심히 잘해'가 아닌 '스스로 알아서 잘해 주었으면'으로 바뀌었다.

반도체 기업의 경우 기술 미세화의 속도 싸움은 정말 치열하다. 기술 미세화의 한계를 계속 돌파해 가는 것은 어려운 과제이지만, 그 돌파의 실마리는 항상 현장 '엔지니어들의 손맛'에서 나왔다. 손맛이라는 것은 엔지니어들이 현장에서 재량적으로 시도해 보는 실험과 노력으로, 이처럼 스스로 알아서 잘 하는 적응적 성과가 반도체 시장 경쟁의 승패를 가르는 성과가 된 것이다.

이제는 대부분 조직 성과의 특성이 시킨 대로만 잘하면 되는 전술적 성과 중심에서 각자가 알아서 잘해야 하는 적응적 성과로 급속히 넘어가고 있다. 리더들은 조직의 성과를 올리기 위해서 팀원들의 적응적 성과를 높여야 한다. 물론 시킨 대로만 잘하는 전술적 성과 중심으로도 성과는 낼 수도 있다. 하지만 전술적 성과는 추가적인 성과 창출이라는 성과의 업사이드upside 가능성이 크지 않다. 누가 와서 해도 시간만 투여하면 비슷하게 만들어 낼 수 있는 미디오커mediocre 성과일 가능성이 높다. 차별적인 성과의 업사이드를 만들어 낼 수 있는 성과는 팀원들이 알아서 하는 재량적 노력이 추가될 때 창출되는 적응적 성과일 뿐이다.

두 가지 성과에 대한 전혀 다른 동기부여 방식

전술적 성과와 적응적 성과의 동기부여 방식은 상이하다. 당근과 채찍으로 대표되는 경제적·정서적 압박감의 '간접적' 동기부여는 전술적 성과는 약간 높일 수 있으나 적응적 성과는 올리기는커녕 오히려 떨어뜨리고 있는 것으로 나타났다. 압박감 중심의 동기부여가 강할수록 팀원들은 알아서 하는 재량적 노력을 감소시킨다는 것이다. 적응적 성과는 오직 일의 즐거움과 의미, 성장 같은 '직접적' 동기가 부여될 때 상승한다. 그리고 이 직접적 동기를 부여하는 것이 바로 소통을 근간으로 하는 리더십이다.

그동안 직책자들이 팀원들을 움직이는 힘은 인사권과 예산권 등의 권한 시스템을 통한 압박이었다. 때문에 더 큰 권한을 요구해 왔고, 그래야 팀원들이 잘 움직이고 성과를 낸다고 믿어 왔다. 하지만 적응적 성과의 시대인 지금, 그 타당성을 완전히 잃어버렸다. 팀원들의 성과를 이끄는 것은 간접적 동기가 아닌 직접적 동기이며 권한의 보유와 행사 이슈가 아니라 소통을 중심으로 한 리더십 발휘의 이슈인 것이다. 여러분이 더 높은 성과 창출을 원한다면 전술적 성과와 적응적 성과 중 어디에 더 무게를 두어야 할 것인가?

3) 'Responsibility' 성과에서 'Accountability' 성과로

전혀 다른 두 가지 책임감

기업에서 팀원들의 책임감은 주어진 과제의 완성과 성과 창출을 위한 중요한 에너지의 원천이 된다. 성과와 직결되는 요소이기 때문에, 책임감을 기업의 핵심 가치의 반열에 올리는 경우도 있다. 그리고 책임이라는 단어로 동일하게 불리지만 특성이 전혀 다른 'responsibility'와 'accountability'가 있다. 우리말로 의역하면 '역할 책임'과 '성과 책임'이다.

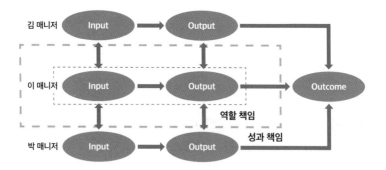

우선 역할 책임responsibility은 나에게 의무적으로 주어진 사항들을 완수하지 않으면 귀책 사유가 되는 명백한 책임이다. 업무 분장서나 조직 목표로 명확하게 보여진다. 또한 조직의 분화와 통합 등 조직 관리 시스템이 부여한 책임이기도 하다.

그림에서 이 매니저의 역할 책임은 아웃컴outcome이라는 최종 성과를 위한 수단적 업무 이행에 대한 책임으로, 작은 점선으로 표시된 인풋과 아웃풋의 책임이다. 그런데 인풋과 아웃풋 책임을 해 냈음에도 불구하고 아웃컴이라는 최종 성과는 이루지 못하는 경우가 자주 발생한다.

요즘의 일과 프로젝트들은 긴밀한 협업과 소통을 요구하여 성과를 위해서는 더이상 내 일만 잘 하는 역할 책임만으로는 성과를 낼 수가 없다. 역할로 규정하지는 않았지만 동료와 타 조직과의 협업과 지원 등 재량적인 노력이 추가되지 않으면 어려운 상황이다. 역할 간 연계와 협업이 가치 창출의 관건이 되고 있는 것이다. 여기서 필요한 것이 성과 책임accountability이다. 내가 맡은 일의 책임을 넘어 최종 성과 창출을 위해 타 조직과의 연계뿐만 아니라 자신의 역할까지도 기꺼이 변화시키고자 하는 책임이다. 그림에서 이 매니저의 성과 책임은 아웃컴이라는 최종 성과에 관점을 맞추어 협업 직원인 박 매니저와 김 매니저의 일도 살펴보면서 협업하고 자신의 일을 계속 수정해가는 큰 점선이 되는 것이다. 이처럼 성과 책임은 다른 팀원들의 성과와 최종 조직 성과가 나의 작업 결과에 연계되어 있다는 것을 인식하고 그 연계성에 상당한 노력을 투여하는 것이다.

반도체 회사의 경우 신제품이 계속 출시돼야 해서 제품 개발 프로젝트는 2~3년의 프로젝트로 계속 이어진다. 일반적으로 역할 분담은 R&D팀이 기술을 개발하고 시제품을 만들어 내고 제조 부서가 높은 수율로 대량으로 생산하는 상용 제품으로 발전시킨다. 그리고 품질 보증팀QA에서 제품의 품질 인증이 이루어지면 마케팅 팀이 제품을 시장에 출시하여 판매하고 발생하는 고객의 문제에 대응한다. 역할 책임이라는 점에서는 각 조직의 책임이 아주 명확하게 보인다. 각 조직은 혹시라도 자신의 역할 책임을 다하지 않아 문제가 생기게 되고 책임 추궁을 받지 않도록 결사적으로 역할 책임을 완수하고자 한다.

최종 성과는 일정에 맞춘 시장 출시와 고객 만족이다. 그런데 문제는 각 조직이 맡은 역할 책임을 다 했는데, 원하는 최종 성과를 얻지 못하는 경우가 발생한다는 것이다. R&D팀에서 고생해서 만든 시제품 기술이 제조 부서의 양산 과정에서 제조 레시피의 조정 마진이 작아 수율을 높일 수 없는 경우도 발생할 수 있고, 고객이 원하는 스펙과는 맞지 않는 제품 개발도 있을 수 있으며, 정상적으로 작동되다가도 특정 필드 환경에서만 작동되지 않는 경우도 발생할 수 있다. 모두 타 조직과의 협업과 조정 없이 자신의 역할 책임에만 관심을 두고 제품 개발을 진행해 발생하는 문제들이다. 각 조직이 최종 성과에 대한 책임감을 갖고, 타 조직과의 협업과 지원을 자신의 일로 확장하는 성과 책임을 가져야만 최종 성과가 담보될 수 있는 것이다.

역할 책임은 업무 분장표에서 비교적 명확해 책임 전가가 잘 일어나지 않는다. 하지만 업무가 협업의 특성이 높아지면서 역할 책임 부여만으로는 명확하게 할 수 없는 경계 책임 부분이 점점 커지고 있다. 역할 책임만 있고 성과 책임감을 가지지 않을 때, 최종 성과가 창출되지 않을 경우, 관련 직원이나 관련 조직 간 서로에 대한 책임 전가 현상이 많아지게 된다.

기업에서는 R&R_{role&responsibility}라는 용어를 자주 사용한다. 책임 전가의 부분을 최소화시키기 위해 R&R을 명확히 하는 노력들이 많다. 하지만 VUCA 시대에서 일은 언제나 유동적이고 복합 연계적으로 일어난다. 국가 정책과 관련한 사건이 발생했을 때 행안부, 국토부, 산업부, 환경부 등 여러 조직이 누구의 일인지를 두고 갈등하는 경우가 자주 보인다. 모두 연관되어 일을 해야 해결되는 VUCA 시대임이 실감된다. 기업은 더욱 그렇다. R&R을 아무리 명확히 하더라도 R&R에는 담지 못하는 서로의 경계에 관한 일들이 일상화되고 있다. 역할 책임_{responsibility}의 시대에서 성과 책임_{accountability}의 시대로 변화한 것이다.

일반적으로 팀 내에서 성과 책임은 리더의 몫으로 한정하고, 팀원들은 역할 책임만 가지는 경우가 많다. 리더가 일의 주도적

주체가 되고 팀원들은 시키는 대로 내 일에만 집중하도록 하는 상황 하에서 만들어진 책임감의 역할 배분이었다. 하지만 팀원이 일의 오너가 되어 주도성을 발휘해야 하는 경우, 팀원들은 최종 성과 창출에 시선을 맞추는 성과 책임감까지 가지고 행동해야 한다.

성과 책임, 팀원들에게 책임만 더 지우게 하는 것인가

성과 책임까지 가지라고 하면 '팀원들의 책임만 더 커지는 것 아닌가?'라는 불편함을 제기할 수 있다. 하지만 여기엔 오해가 있다. 역할 책임은 문서로 정리할 수 있어 명확한 지시가 가능하고 그 책임을 완수하지 않았을 때는 공식적 책임을 물을 수 있다. 반면 성과 책임은 문서로 주는 공식적 책임이 아니라 최종 성과에 대한 책임감 인식이다. 역할 책임은 완수 여부에 따라 책임을 묻게 되는 명확한 책임이지만, 성과 책임은 비공식 책임이므로 책임 자체보다는 인식 차원의 책임감 즉 책임의 느낌인 것이다. 최종 성과에 대해 책임감을 가지느냐 아니냐 자체로 책임을 물을 수는 없지만 성과 책임감을 갖는 팀원은 역할 책임만 갖는 팀원과 비교했을 때, 일하는 과정과 결과에 큰 차이가 발생한다.

Accountability는 '설명할 수 있는 능력'이라는 의미를 담고 있다. 최종 성과가 도출되거나 도출되지 않는 과정을 설명할 수 있어야 한다는 것이다. '최종 성과는 팀장이 알아서 하는 거고, 나는 모르겠고, 내 일만 잘 하면 돼'라는 인식으로는 최종 성과 창출의 과정을 설명할 수 없게 된다.

최근에는 개별 역할을 넘어서 역할 간 협업과 지원의 영역이 성과 창출에 큰 기여를 하고 있다. 최종 성과가 도출되지 않았다면 왜 도출되지 않았는지 개별 역할을 넘어서는 부분에 대해 설명할 수 있어야 한다는 것이다. 이런 설명을 할 수 있다는 것은 역할 수행에서도 당연히 확장된 시각으로 역할을 수행하게 되어 팀의 최종 성과가 높아질 가능성이 커지게 된다.

리더십 발휘를 통해 만들어지는 성과 책임감

역할 책임감이 만들어 내는 성과는 앞에서 본 전술적 성과와 겹치는 부분이 많다. 당초 명확히 규정에 있는 역할만 수행하면 된다고 생각하기 때문이다. 마찬가지로 역할 책임 완수는 혹시라도 나중에 올 수 있는 비난의 두려움을 피하기 위한 최소한 방책이라는 점에서 편도체 성과와 겹치는 부분이 있다. 비난의 두려움과 압박감 하에 편도체가 활성화되어 오직 자신만의 역할 책임 완수 하나에만 집중한다.

성과 책임감이 만들어 내는 성과는 규정에 없는 재량적 노력이 투입되어야 한다는 점에서 적응적 성과와 겹치며, 재량적 노력의 다양한 옵션을 찾아내고 선택해야 한다는 점에서 전두엽의 기능들이 활성화되어야 하는 성과이다.

조직 규정, 개인 KPI 등 관리 시스템을 강하게 작동시켜 만들어 내는 것은 역할 책임이다. 매니지먼트를 하는 매니저가 주로 관심을 가지는 것이 역할 책임인 것이다. 팀원들의 성과 책임감은 규정에 없는 것이라 오직 소통을 근간으로 하는 리더십이 만들어 낼 수밖에 없다. 최종 성과 창출에 대한 팀원들의 오너십과 주도성 부여는 가장 확실하게 성과 책임감을 갖도록 하는 방법으로 이런 오너십과 주도성을 만들어 내는 것은 바로 소통의 리더십 발휘이다.

여러분의 성과 창출 방정식은 팀원들의 역할 책임감 중심인가 성과 책임감 중심인가? 성과 책임감에 의한 성과를 만들고 싶다면 바로 여러분이 리더십이 필요한 지점에 도달한 것이다.

고장난 성과 방정식에서
새로운 성과 방정식으로

지금까지 성과 창출 방정식에 포함된 성과 개념과 성과 창출 방식에 대해 알아보았다. 편도체 성과, 전술적 성과, 역할 책임의 성과 추구는 이미 고장난 성과 방정식임이 분명해졌다. 이 성과들은 매니지먼트의 정교한 통제 시스템이 만들어 낸 매니지먼트 주도형 성과management driven performance라 할 수 있는데, VUCA 시대에서 이 성과 방정식을 통한 추가 창출 가능성은 매우 희박하다.

새로운 성과 방정식의 작동이 필요해진 것이다. 그것은 전두엽의 성과, 적응적 성과, 성과 책임감의 성과의 추구이다. 그리고 이 세 가지 성과는 유사한 성과를 다른 각도를 풀어낸 것이다. 전두엽 성과 ≒ 전술적 성과 ≒ 성과 책임감 성과로 볼 수 있는데 이 세 가지 성과 모두 팀원들의 재량적 노력이 투입되어야 발생하는 성과이다. 그리고 이 재량적 노력 투입은 오직 리더가 소통을 통해 팀원들의 몰입도를 변화시키는 영향력을 발휘하여 발생하게 된다. 이런 이유로 세 가지 성과는 리더십 주도형 성과 leadership driven performance라고 할 수 있다.

고장난 성과 방정식	새로운 성과 방정식
편도체 성과	전두엽 성과
전술적 성과	적응적 성과
Responsibility 성과	Accountability 성과

고장난 성과 방정식과 새로운 성과 방정식은 기존 방정식의 수정이 아닌, 정반대의 접근 방식이다. 성과 방정식의 개선이 아닌 혁신적인 인식 변화가 필요한 것이다. 리더가 예전의 고장난 성과 방정식에 믿음을 계속 지니고 있다면, 새로운 성과 방정식에 맞춰진 최신 리더십 스킬이 아무리 훌륭하더라도 무용지물이

될 수밖에 없다. 새로운 리더십을 배우고 익혀 자신의 리더십을 높이고자 하기 전에 먼저 본인의 성과 창출 방정식을 리뷰해 보아야 하는 이유인 것이다.

VUCA 시대에 성과 창출의 업사이드는 오직 전두엽 성과, 적응적 성과, Accountability 성과일 수밖에 없고 이것은 오직 리더십만이 만들어 낼 수 있는 성과이다. 성과 창출이 여러분의 최우선 순위라면 당연히 리더십 소통 실천이 리더가 해야 하는 일의 최우선 순위가 되어야 할 것이다. 이것이 바로 리더십 실천이 절박할 수밖에 없는 리더십 Why이다.

'리더십은 소통'이라는 리더십 what과 '리더십은 차별적 성과 창출을 위함'이라는 리더십 why에 대한 단단한 이해가 이루어졌는가? 그렇다면 이제 소통의 가장 강력한 툴이자 성과 창출의 가장 강력한 툴인 원온원이라는 리더십 실천의 how에 대해 살펴볼 준비가 이루어졌다고 할 수 있다.

3부

원온원의 모든 것

원온원이란

미국은 어떻게
몰입도가 가장 높은 나라가 되었나?

갤럽의 직장인 몰입도 조사에서 미국의 몰입도 비율은 35%로 한국(12%)의 3배이며, 꾸준히 몰입도가 가장 높은 나라로 조사된다. 그리고 갤럽은 직장인 몰입도의 70%를 설명하는 변수가 팀장의 리더십이라는 것을 발견했다. 이 결과에 따르면 그들의 리더십이 우리보다 약 3배 높다는 해석이 가능해진다. 그렇다면 그들의 리더십은 우리와 어떤 차이가 있는 것일까?

94 대 0, 농구 게임 스코어가 아니다. 미국과 우리 기업 리더들이 원온원을 채택하고 활용하는 비율이다. 〈원온원 실태보고서〉*를

• '2019 State of One on Ones Report', Hypercontext.com.

참고하면 미국 매니저들의 무려 94%가 원온원을 일상적인 소통의 툴로 활용하고 있는 것으로 조사된다. 일반적으로 미국의 팀장들은 원온원을 자신의 스케줄에 가장 먼저 고정시킨다. 이들은 왜 원온원에 소중한 시간을 최우선으로 투자하는 것일까? 바로 원온원이 자신의 리더십을 발휘하여 성과 창출을 해낼 수 있는 가장 효과적인 방법이라고 확신하기 때문이다. 효과적 회의에 관한 연구로 유명한 로저버그Steven G. Rogelberg 교수는 최근 기고한 기사*에서 "최고의 팀장들은 원온원을 팀장의 '부수적 추가 역할'이 아니라 가장 '기본적 역할'이라는 것을 인식하고 있다"고 말한다. 팀장의 기본적 역할로 인식하고 있기 때문에 스케줄에 가장 먼저 확정시키는 일정이 원온원이라는 것은 이상할 이유가 없다는 것이다. 또한 실리콘 밸리에서 일하는 한국 청년들이 미국 기업들에서 일하는 방식에 관한 그들의 생생한 경험을 소개한 책에는 미국 팀장들이 일반적으로 일하는 방식으로 원온원이 등장한다.

"다이앤은 매니저가 된 뒤 한동안은 테크 리드로서 코딩을 했지만, 팀원이 늘어나면서 한 주의 반이 원온원 미팅으로 꽉 차게 되었다. 팀원들과 매주 1시간씩 하는데 매우 다양한 이야기를

* Steven G. Rogelberg, 'Make the Most of Your One-on-One Meetings', Harvard Business Review, 2022.11

주고받는다. 개인적 이야기를 할 때도 있고, 따로 공부하는 신기술 이야기도 나누기도 하고, 육아, 반려동물 이야기도 한다. 일견 일과 무관해 보여도 한 사람, 한 사람의 성과와 다 연결된다. (중략) 다이앤 일과에서 가장 많은 시간을 차지하는 것이 원온원 미팅이다. 개인의 사정까지 살펴서 최고의 성과를 낼 수 있도록 도와준다."　　　　　　　　　　　　〈실리콘밸리를 그리다〉 중에서

팀장 한 주 일정의 반이 원온원으로 채워진다는 묘사는 주목할 만하다. 원온원이 미국 기업 리더들의 가장 기본적 업무이자 최우선 순위의 업무라는 것을 확인할 수 있다.

미국 직장인들이 원온원을 얼마나 유용하게 생각하고 있는지에 대한 조사에서는 회사에서 운영되는 다양한 미팅 종류 중에서 단연 원온원이 가장 유용하다는 점을 잘 보여준다.

직원들이 생각하는 원온원의 유용성 평가

10점 척도로, 각각 미팅은 얼마나 유용한가요?

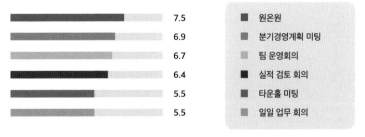

7.5	■ 원온원
6.9	■ 분기경영계획 미팅
6.7	■ 팀 운영회의
6.4	■ 실적 검토 회의
5.5	■ 타운홀 미팅
5.5	■ 일일 업무 회의

출처: (주) The State of high performing teams in Tech 2022, Hypercontext.com

이 외에도 마이크로소프트의 워크플레스 어낼리틱스팀workplace analytics이 찾아낸 원온원의 효과는 믿기지 않을 정도이다.

"동료들에 비해 팀장과 원온원 대화의 횟수가 두 배인 사람은 몰입의 가능성이 67%나 높고, 정기적 원온원을 하는 팀원은 원온원을 거의 하지 않는 팀원보다 4배나 몰입 가능성이 높다."*

이처럼 원온원은 직원 몰입도의 놀라운 차이를 만들어 내고, 직원들 역시 가장 유용하다고 생각하는 미팅으로, 미국 기업 대다수의 팀장들이 일상적으로 원온원을 활용하고 있는 것이다. 미국 기업들의 직원 몰입도가 가장 높아진 비밀은 바로 모든 리더들이 자발적으로 활용하고 있는 원온원이었던 것이다.

* Ryan Fuller and Nina Shikaloff, 'What Great Managers Do Daily', Harvard Business Reviw, 2016.

원온원이란

원온원은 리더와 팀원이 일대일로 대화하는 것으로 그 개념은 매우 간단하다. '일대일 면담'은 우리에게 새로운 개념이 아니다. 그러나 일반적으로 한국에서는 퇴사, 해고, 고과, 징계 등 좋지 않은 일이 있을 때 주로 하는 미팅이기 때문에 다소 부정적인 이미지를 갖고 있다. 그러나 원온원은 우리에게 부정적인 이미지를 지닌 일대일 면담과는 사뭇 다르다.

원온원은 '리더가 팀원의 업무상 혹은 개인적 차원에서 어떤 문제가 없는지 주기적으로 확인하는 둘만의 비공개private 미팅'이라고 정의할 수 있다. 이 정의에서 원온원의 중요한 특징이 나타난다.

첫째, 둘만의 비공개 미팅이다. 여러 사람들과 함께하는 일상 업무 과정에서는 하기 어려운 둘만의 비공개 미팅인 것이다. 서로 간 속내가 오가는 솔직한 대화가 성공적 원온원의 관건이 된다.

둘째, 팀원의 업무상 혹은 개인적 문제를 확인하는 미팅이다. 팀원과 관련된 주제라면 업무에 한정되지 않고 어떤 것이라도 아젠다로 삼을 수 있다. 그렇기에 원온원은 '리더 중심의 시간'이 아니라 '팀원 중심의 시간'이다. 통상 미팅의 오너owner는 리더로 여겨져, 주제 선정부터 진행, 결론 도출에 이르기까지 리더 중심으로 미팅이 진행된다. 반면 원온원의 오너는 팀원으로, 팀원이 스스로 리더와 함께 논의하고자 하는 토픽을 아젠다로 삼는다. 리더는 팀원이 원하는 소통을 충분히 할 수 있도록 질문, 경청, 공감을 해주고 도움되는 피드백과 코칭을 해주는 미팅인 것이다.

셋째, 주기적으로 확인하는 미팅이다. 원온원은 주기적으로 진행하는 것이 매우 중요한 특징이다. 그래서 '정기적regular 원온 원'이라고 자주 표현한다. 매주 혹은 격주로 팀원의 성과, 성장, 행복에 대해 지속적으로 확인하여 조기에 팀원의 문제를 발견하고 함께 해결하고자 한다. 이런 점에서 정기적 원온원은 캐주얼 혹은 애드 혹ad hoc 원온원과는 구분되어야 한다.

캐쥬얼·애드 혹 원온원은 사전 약속 없이 갑자기 팀원을 불러 원온원을 진행하는 것이다. 원온원의 필요성을 느끼고 있지만, 시간 내기 어려운 리더들이 종종 하는 방식이다. 일대일 소통이라는 부분에서 분명 의미가 있는 미팅이지만, 당초 원온원에서 기대하는 성과를 거두기는 어렵다. 캐주얼 원온원에서는 팀원이 미팅을 준비하는 시간을 가지지 못해, 어떤 논의를 해야 할지 몰라 당황스러울 수 있으며, 미팅에서 논의된 내용이 다음 미팅으로 제대로 이어지지 않는 단발성 미팅으로 끝나버리기 쉽다.

	정기적 원온원	캐쥬얼 원온원

의미	- 매주 혹은 격주로 정기적으로
	  사전에 시간을 확정하여 진행되는
	  원온원
		- 리더가 갑자기 요청하는 원온원

특성	- 팀원의 대화 준비도가 높음
	- 서로 미팅의 의도와 아젠다를 알고
	  있음
	- 대화 내용이 지속적으로 팔로업 됨
	- 팀원의 시간
	- 쌓이는 신뢰
		- 팀원의 대화 준비도가 낮음
		- 팀원은 미팅의 의도를 몰라 불안해
		  하고 당황함
		- 대화 내용이 일회성으로 끝남
		- 리더의 시간
		- 쌓이다 마는 신뢰

우리에게는 여전히 낯선 원온원

한때 벤치마킹이라는 경영 용어가 유행했듯이, 한국 기업만큼 서구 선진 경영 기법과 도구들을 발 빠르게 도입하는 곳은 없을 것이다. 그런데 예외가 하나 있는데 바로 원온원이다. 대부분의 미국 기업에서 리더십 툴의 사실상 표준de facto standard이 된 원온원을 왜 우리 기업들은 외면하고 있는 것일까.

첫째, 원온원을 우리가 익히 해왔던 '일대일 면담'으로 이해해 더 이상 흥미롭지 않은 듯하다. 선진 경영 기법이라 함은 뭔가 새롭고 독창적이어야 하는데 일대일 면담이라는 간단한 미팅을 기업에서 도입한다고 수선을 떠는 것이 어색할 수 있다.

둘째, 우리에게 일대일 면담이 지닌 부정적인 이미지 때문이다. 일반적으로 일대일 면담은 문제가 생겼거나 인사상 소통이 필요한 경우에만 한해 진행한다. 이에 리더든 팀원이든 가장 피하고 싶은 미팅의 유형인 것이다.

셋째, 미팅 과잉에 따른 비효율 문제가 높아지면서 미팅을 줄이자는 주장이 힘을 얻어가는 과정에서 원온원 추가는 달갑지 않을 것이다. 리더 입장에서도 바쁜 와중에 팀원 개개인에게 시간을 낸다는 것은 생각하기 힘들다는 인식이 있다.

넷째, 조직 문화 개선을 위해 위계적 수직 문화를 수평적으로 변화시키려 하지만, 여전히 리더 주도의 문화가 지배적이다. 이런 문화와 반대로 '리더의 시간'이 아닌 '팀원의 시간'으로 운영해야 하는 원온원은 한국 기업의 정서상 적용이 어렵다고 예단했을 수 있다.

위와 같은 이유로 한국 기업에서는 원온원을 배제하고 있다. 미국 기업의 매니저들은 성과에 무한 책임을 지고, 가장 효과적이고 효율적인 관리 방법에만 관심을 갖는 실리적인 사람들이다. 그런 리더들의 대부분이 사용하고 있는 고성과 창출 도구를 우리는 여전히 바라보고만 있어야 할까.

리더십 툴로서 원온원의 오리진origin

과거 원온원은 중요하거나 비밀스러운 사안이 있을 경우 독대하여 의논하는 일반적 미팅의 한 형태였다. 이후 원온원이 리더십의 중요한 툴로 알려지기 시작한 것은 약 30년 전 인텔 전 회장 앤디 그루브Andrew Grove가 〈하이 아웃풋 매니지먼트〉라는 책에서 원온원의 개념과 효과를 설파한 이후부터이다. 그는 책에서 "인텔 초창기, 나는 생산 라인에 대해 잘 알지 못햇다. (중략) 내 직속 부하 두 명은 내게 메모리 설계와 생산에 대해 개인적으로 가르쳐 주기로 약속했고. 그들과 시간을 정해 만났다. 부하 직원이자 선생님인 그들은 상사이자 학생인 내가 배울 수 있도록 힘을 다해 도왔다. 인텔이 성장하면서 이와 같은 원온원의 초기 기조와 정신이 자리를 잡았고, 지속적으로 발전하였다"라며 원온원의 유래를 이야기하고 있다. 또한 "원온원은 인텔이 아닌 다른 기업에서는 아직 드물다"라고 당시의 상황을 묘사했는데, 이는 원온원이 일반화된 오늘날과 비교해 본다면, 확실히 리더십 툴로서 원온원의 오리진origin 은 앤디 그루브라고 볼 수 있다. 이후 원온원은 실리콘 밸리를 중심으로 꾸준히 확산되었고, 현재는 미국 대다수의 기업들에서 가장 중요한 소통의 툴로 활용하고 있다.

"누군가 나에게 다가와 '당신의 경영자 경험을 통틀어 가장 유용한 관리 툴 하나만 손꼽는다면 무엇인가요?'라는 질문을 해온다면 나의 대답은 아주 명확하다. 정기적 원온원의 실천이다. 원온원 세션의 유용성은 아무리 강조해도 지나침이 없다. 리더와 팀원 간 있을 수 있는 모든 종류의 문제를 파악해내고, 해결해내고, 개선해내는 세계 공통의 매개체 역할을 해내는 것이 바로 원온원이다. 원온원은 리더들에게 그들의 팀원들을 가르치고 코치할 수 있는 기회를 제공해주며, 아울러 팀원들로부터 리더 자신의 문제점에 대해서도 배울 수 있게 해준다. 원온원 세션에서 팀원들은 그들의 리더에게 마음을 열 수 있게 되는데, 원온원이 아니면 좀처럼 있을 수 없는 일이다. 다른 식으로 이야기한다면, 원온원 없이 팀원들을 관리하는 사람은 어떻게 사람을 관리하는 지를 도대체 알 수 없을 정도다."

〈One on One with Andy Grove〉 중에서

원온원의 목적

회사에는 업무 미팅, 간담회, 고충 처리 미팅, 티타임 등 다양한 소통 채널과 형식을 띈 미팅이 존재한다. 이와 같이 여러 종류의 미팅 중에서도 미국의 리더들은 주로 원온원을 중심으로 소통을 하고 있는데, 이들은 어떤 목적을 위해 원온원을 하는 것일까.

첫째, 리더와 팀원 간 신뢰 구축을 위해

팀원들과의 신뢰 구축은 모든 리더들이 안고 있는 고민이다. 그런데 신뢰 구축의 왕도는 없다. 오직 시간을 들여 꾸준히 서로가 함께 신뢰 관계를 형성해 나가야 한다. 인간관계에서 일어나는 신뢰 구축의 대표적 행동들은 일대일 만남, 솔직한 대화, 서로에 대한 관심과 이해, 고민의 공유와 공감 등이다. 리더들은 팀원과의 신뢰 구축을 위해 많은 고민을 하지만, 막상 업무 현장에서는 팀원들과 이와 같은 신뢰 구축의 행동들을 하기가 쉽지 않다. 이 어려움을 타개할 수 있는 방법이 바로 원온원이다. 원온원은 다른 소통 채널에서는 하기 어려운 신뢰 구축 행동들이 가능해 리더와 팀원 간의 친밀함, 편안함, 이해와 배려 등의 관계가 구축되어 두터운 신뢰를 형성할 수 있다.

둘째, 효과적인 동기부여를 위해

원온원은 리더가 팀원 한 사람에게 온전히 집중하는 시간이다. 팀원은 자신의 생각을 충분히 이야기하고, 리더는 공감과 이해를 표현한다. 팀원은 리더로부터 자신이 이해받고heard& understood, 존중받고respected, 가치를 인정받고valued 있다는 느낌을 가지게 된다. 상사로부터 이해, 존중 그리고 인정이라는 것은 직장인이라면 누구나 원하는 인간적 욕구로, 이 욕구들이 충족될 때 팀원들은 누구보다 적극적으로 일하게 된다.

일상의 업무 환경에서 리더들은 이러한 이해, 존중, 인정의 모습을 팀원들에게 전달하기 쉽지가 않다. 전달하더라도 피상적인 수준에 머물러 그 욕구 충족이 약할 수밖에 없는데, 원온원을 통해서는 이 세 가지 인간적 욕구가 가장 효과적으로 충족되어 동기부여로 이어지게 된다.

셋째, 효과적인 성과 관리를 위해

글로벌 기업들의 성과 관리 시스템은 성과 평가performance appraisal 중심에서 성과 대화performance conversation 중심으로 변화되고 있다. 성과 창출 과정이 이미 끝난 상황에서 사후 평가만 하는 것은 팀원의 성과 창출에 도움을 주는 임팩트가 약하다. 성과 대화는 사전적으로 리더와 팀원이 함께 성과 창출의 문제점을 찾아내고 해결할 수 있도록 자주 그리고 긴밀히 소통하는 것이다. 일이 진행되는 방향이 올바르게 가고 있는지 주기적으로 확인하면 성과 창출 과정의 문제점도 빠르게 발견할 수 있어 리더와 팀원이 함께 최대한의 성과를 만들어 갈 수 있게 된다.

또한 팀원들은 자신의 성과와 아이디어를 리더에게 많이 언급하고 싶어 한다. 하지만 이런 기회는 현실적으로 많지 않다. 그렇기에 원온원에서는 팀원에서 마음껏 자신의 성과와 아이디어를 자랑하도록 멍석을 깔아주는 미팅이기도 하다. 팀원들은 원온원을 통해 성과의 자랑거리를 더 만들고 찾아내고자 하는 성과 지향적 모습으로 변하게 된다. 팀원들의 성과 창출 책임감과 주도성이 확연히 올라가게 되는 것이다.

넷째, 팀원들의 성장 가속화를 위해

간혹 "저 친구는 내가 다 키웠잖아"라는 리더의 허세 섞인 말이 종종 들린다. 하지만 성장은 본인이 스스로 하는 것이지 타인이 키워줄 수 있는 것이 아니다. 리더는 팀원의 성장을 위해 성장을 자극하는 촉매제를 제공하는 역할을 할 뿐이다. 이 역할을 위해 리더는 팀원들에게 세 가지를 제공할 수 있다.

첫째, 관심과 기대 표명을 제공하는 것이다. 긍정적 기대가 좋은 결과를 낳는다는 피그말리온 효과Pygmalion effect처럼 리더들이 팀원들에게 가지는 개인적 관심과 기대는 팀원들 성장의 좋은 촉매제가 된다.

둘째, 기회 제공이다. 일선 리더는 기회 제공의 큰 권한을 가지지 못한다고 생각할 수 있지만 리더가 제공할 수 있는 기회들은 적지 않다. 도전적 업무와 다양한 업무 경험 기회 부여, 학습 기회 부여, 권한의 임파워먼트 등 일선 리더들이 충분히 제공할 수 있는 작지만 매우 효과적인 기회 제공이다.

마지막으로, 코칭과 피드백의 제공이다. 상대적으로 경험이 많고 팀원 개인의 특성을 잘 아는 리더는 팀원들에게 성과 코칭과 커리어 코칭을 잘 제공할 수 있는 적임자이다. 개인의 장점을 강화시키고 단점을 보완할 수 있는 피드백도 성장의 좋은 촉매제가 된다.

이러한 세 가지 성장 촉매제는 바쁘게 돌아가는 업무 현장이나 다른 소통 채널에서는 논의하고 전달하기가 매우 어려운 실정이다. 그러나 원온원에서는 세 가지 모두 미팅의 아젠다가 되어, 리더가 효과적으로 직원들에게 제공할 수 있다.

성장 마인드셋과 원온원

최근 경영학 연구 중에서 기업에 가장 큰 영향을 끼친 개념은 '성장 마인드셋'이다. 사티아 나델라Satia Nadella 회장은 마이크로소프트의 문화를 'know it all(이미 다 안다)' 문화에서 'learn it all(모든 것을 배운다)' 문화로 혁신 중인데 최근 가장 성공적인 케이스로 칭송받고 있다. 이 혁신의 배경은 캐롤 드웩Carol Dweck 교수가 주창한 성장 마인드셋에서 받은 나델라 회장의 영감이었다. 그는 이 문화 혁신을 위해 '모델model, 코치coach, 케어care'라는 팀장들의 리더십 프레임 워크를 새롭게 만들어 성장 마인드셋이 일선 현장에서 직접 실천되도록 했다. 성장 마인드셋은 사람의 능력은 계속 발전해 갈 수 있다는 믿음이며, 고정 마인드셋은 사람의 능력은 이미 고정되어 있다는 생각이다.

고정 마인드셋을 가진 사람들은, 능력은 고정적이므로 자신이 보유한 능력을 잘 보여주는 것이 매우 중요하다고 생각한다. 이들에게 실패는 능력이 부족해서 생기는 것이다. 자신의 능력 부족을 보이고 싶지 않은 이들은 실패의 가능성이 있는 어려운 도전을 가급적 피하게 된다. 또한 비판적 피드백은 자신 능력의 문제점을 지적하는 거라는 생각으로 무시하거나 반발심을 가지게 된다. 반면 성장 마인드셋을 가진 사람은 실패가 오히려 자신이 새롭게 배우고 성장할 수 있는 좋은 기회라고 생각하여 달성이 어려운 도전 역시 기꺼이 받아들인다. 비판적 피드백도 학습과 성장에 좋은 보약이라고 생각하여 적극적으로 피드백을 요청하고자 한다.

원온원은 리더와 팀원의 성장 마인드셋을 실천하게 하는 장이 된다. 업무 수행 과정에서 얻은 레슨을 함께 논의하고, 서로에게 솔직한 코칭과 피드백을 기꺼이 요청하여 성장과 학습의 기회로 활용하고자 한다. 자신의 약한 모습vulnerability까지 솔직하게 보이며 도움을 요청하고, 상대는 기꺼이 지원을 아끼지 않는다. 마이크로소프트에서도 원온원을 그들 자신의 리더십 모델인 '모델, 코치, 케어'가 실천되는 플랫폼이라고 강조하고 있는데, 원온원이 팀원들의 성장에 가장 효과적 툴이 되기 때문일 것이다.

원온원의 세 가지 대화

원온원은 어떤 소통 채널보다 많은 정보가 오가는 소통에 관한 최대의 광대역 채널Ultra wideband channel이라 할 수 있다. 참가자의 깊은 속내와 감정선까지 교환되는 채널인 원온원은 크게 3가지로 그 대화를 구분해 볼 수 있다.

1) 성과 대화

업무와 성과에 대한 대화이다. 목표를 향해 진행되는 업무를 중심으로, 잘 되고 있는 점뿐만 아니라 어려운 점roadblock과 리더의 지원 사항에 대해 논의한다. 최근 여러 기업에서 도입되고 있는 상시 성과 관리 제도는 바로 이 성과 대화를 근간으로 한다. 한마디로 팀원들의 성과 창출을 지원하기 위한 대화이며 원온원에서 비중을 가장 많이 차지하는 대화이기도 하다.

2) 성장 대화

팀원의 역량과 커리어 성장에 관한 대화이다. 팀원의 업무 수행에 대한 코칭과 피드백을 통해 팀원들의 성장을 유도하는 논의이다. 새로운 업무나 앞으로 원하는 직무를 위해 준비해야 하는 역량에 대한 대화도 오간다. 업무 수행 과정에서 배우고 느낀

점에 대한 이야기도 좋은 성장 대화이다. 특히 성장 대화는 시니어 팀원들보다 주니어 팀원들에게 니즈가 더 크게 작용하여, 팀원들의 성장 단계에 맞추어 성장 대화의 비중을 유연하게 설계해야 한다.

3) 행복 대화

팀원의 업무 만족도와 행복도에 관한 대화이다. 회사 내외로 개인적 애로 사항에 대한 고민을 이야기한다. 팀원에게 활력소가 되는 것과 힘들게 하는 것에 대한 대화가 오간다. 원온원 시작에 앞서 취미, 가족에 대한 이야기 등 가볍게 주고받는 스몰토크small talk 역시 행복 대화에 속한다.

원온원의 3대 핵심 대화

성과 대화

원온원

행복 대화

성장 대화

원온원과 업무 미팅과의 차이

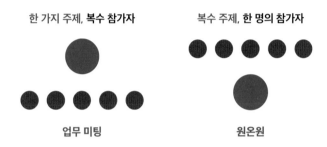

한 가지 주제, **복수 참가자**　　　복수 주제, **한 명의 참가자**

업무 미팅　　　　　　　　　원온원

　리더들에게 원온원 활용을 권유했을 때 "우리 팀은 업무 미팅이 많아 충분히 소통하고 있으니, 원온원은 따로 필요없다"라는 반응이 대다수이다. 일반적 업무 미팅과 원온원이 어떻게 다른지 명확한 이해가 부족하여 나오는 반응이다.

　전형적인 업무 미팅은 하나의 주제에 대해 복수가 참석하는one subject, multi participants 형식이다. 먼저 논의 주제가 정해지고 관련 참석자들이 정해지면 토의를 통해 문제를 해결한다. 반면 원온원은 한 명의 참석자에 대해 복수 주제one participant, multi subjects로 진행되는 형식이다. 참석자를 먼저 정하고, 참석자와 관련된 주제(진행하는 업무, 성과, 애로 사항, 향후 커리어 계획, 개인적 고민 등)에 관한 논의가 일어난다.

　진행되는 방식도 다르다. 업무 미팅은 주어진 시간 내 효율적으로 결론을 도출해야 하므로 리더의 발언이 많을 수밖에 없으며, 참석한 팀원들은 한두 마디씩 하는 정도가 되기 쉽다. 반면 원온원의 경우, 토픽 선정부터 특정 한 팀원에 관한 것으로 정해지므로 팀원의 발언 점유율이 리더보다 높은 비중을 차지한다.

이와 같이 업무 미팅과 원온원은 큰 차이점이 있지만, 두 가지 모두 우리에게 필요한 미팅이다. 앞서 직책자의 역할을 일을 중심으로 하는 매니저와 사람을 중심으로 하는 리더로 구분했는데, 일을 중심으로 논의되는 업무 미팅이 '매니저의 미팅'이라면, 사람 중심으로 논의되는 원온원은 '리더의 미팅'이라고도 할 수 있다.

집단 대상의 리더십에서
개인 대상의 리더십으로 전환

리더십과 소통의 강조는 새로운 이야기가 아니다. 그런데 지금껏 리더들이 익숙한 리더십 발휘는 집단을 대상으로 하는 리더십이었지 팀원 개인을 대상으로 하는 리더십이 아니었다. 그동안 리더가 노력한 소통 방식도 리더 대 팀원 집단 간 소통 방식이었다. 팀 미팅이 그러했고, 간담회나 회식이 그러했다. 팀원 집단과의 소통으로는 팀원 한 명, 한 명의 개성이 고려될 여지가 적었고, 팀원들도 굳이 자신의 개성을 드러내고 싶어 하지 않았다.

하지만 집단 동조화라는 것에 거부감을 가지고 초개인주의라는 특성을 보이는 MZ세대가 팀원의 대다수가 되면서 집단을 대상으로 하는 리더의 소통 방식은 얻는 점보다 잃는 점이 더 커지기 시작했다. 집단적 팀원 대상의 소통은 일종의 평균적 개념의 팀원을 상정하고 이루어지는 소통이다. 하지만 팀에는 이런 평균적 존재로서의 팀원은 한 명도 존재하지 않는다. 모두가 다른 상황에 처해 있고, 다른 니즈와 다른 생각을 가지고 있다. 때문에 팀원들에게 이러한 집단적 소통은 자신에게 의미 있는 소통으로 다가오지도 않으며 오히려 가급적 피하고 싶은 소통이 되는 것이다. 간담회나 회식을 하자고 하면 팀원들이 질색을 하는 이유다.

팀원들이 원하는 소통은 온전한 자신whole self의 모습을 보이고 이해받을 수 있는 일대일의 소통이다. 이제 리더들도 집단적 팀원 대상의 소통은 팀원들이 싫어한다는 눈치를 채기 시작했다. 그러나 대안의 소통 방법을 가지지 못함으로써 아예 소통 자체의 노력과 양이 크게 줄어들고 있다. 이런 소통의 어려움으로 인해 리더들의 숙제인 팀원들의 성과 관리와 몰입 관리가 더욱 힘든 일이 되고 있는 것이다. 원온원은 리더들이 지닌 소통의 딜레마를 해소할 수 있는 유일한 대안이다. 리더 대 팀원 집단이라는 리더십 방식은 팀원들에게 영향력을 발휘하지 못하는 실패의 리더십이 되었다. 이제는 개인 한 명, 한 명에 대해 맞춤형 소통이 필요한 시대이다. 리더가 원온원을 한다는 것은 그동안 익숙했던 집단 대상의 리더십을 버리고 새롭게 개인 대상의 리더십으로 자신의 리더십을 변화시킨다는 의미인 것이다.

다양한 유형의 원온원

1) 스킵 레벨skip level 원온원

일반적으로 진행되는 직속 상사-팀원이 아닌, 직급을 건너뛰어 진행되는 원온원을 말한다. 예를 들어, 중간 단계인 팀장을 건너뛰고 임원과 팀원이 원온원을 하는 것이다. 스킵 레벨 원온원은 보통 그 주기가 월 단위 이상으로 일반 원온원에 비해 훨씬 길다.

나는 본부장-실장-팀장이라는 위계 구조 하에 있었는데, 실장을 건너뛴 본부장-팀장 간 스킵 레벨 원온원을 분기 주기로 진행하였다. 본부장이었던 내 입장에서는 팀장들에게 현장 상황을 자세하게 듣고 싶은 부분이 있었고, 팀장의 평가와 이동에 대해 최종 권한을 가진 입장에서 팀장의 성과, 업무 만족도, 애로사항 등에 대해 직접 이야기를 듣고 싶은 니즈도 있었다. 팀장의 입장에서도 마찬가지였다. 최종 평가자인 나에게 성과나 업무 상황을 주기적으로 직접 이야기하고 싶은 부분이 있었다. 간혹 팀장이 직속 상사인 실장과 소통이 잘 되지 않는 경우, 차상위자인 나와의 원온원에 대한 니즈가 있기도 했다.

스킵 레벨 원온원은 팀원들의 입장에서도 접근성이 어려운 차상위자가 자신에게 관심을 기울여 준다는 것 자체에 큰 의미를 갖는다. 다만 스킵 레벨 원온원은 직속 상사의 입장에서 불편함을 느낄 수 있다. 이를 위해서는 대상자의 직속 상사에게 미리 이해를 구하는 것이 필요하다.

2) 동료peer 원온원

상사-부하 관계가 아닌 동료-동료가 진행하는 원온원을 말한다. 조직 간 협업이 더욱 중요해진 요즘 동료 원온원은 유용한 툴이 될 수 있다. 동료 원온원에서는 서로의 성과를 위해 어떤 점을 도와줄 수 있는지에 대해 주안점을 둔다.

나는 본부장 간 동료 원온원을 해본 경험이 있다. 본부장들이 일대일로 만나 서로 신뢰를 구축하고 협업을 가속화하는 데 유용한 도구였다. 업무 연관성이 높은 임원 간 혹은 팀장 간 동료 원온원도 상당히 유용한 미팅이 될 수 있다. 직책자들 간에는 피상적인 사무적 관계 이상으로 관계를 형성하는 것은 어렵다. 그러나 동료 원온원을 통해 이해와 공감을 높여 가면 개인적 친분뿐만 아니라 업무적으로도 원활한 협업 기반을 구축할 수 있다.

3) 워킹walking 원온원

회의실이나 회사에서 벗어나 함께 산책을 하면서 진행하는 원온원이다. 회의실보다 좀 더 편안하고 자유로운 상태에서 개인적 이야기를 나눌 수 있는 장점이 있다. 이와 비슷하게 런치 박스lunch box 원온원이나 카페 원온원 등 분위기를 바꾸는 원온원도 가끔씩 시도해 보는 것이 좋다.

4) 원격remote 원온원

재택 근무나 거점 오피스, 장기 출장 등 다양한 형태의 리모트 워크remote work 속에서 진행하는 원온원이다. 리모트 워크의 경우 소통과 정보 부족의 상황에서 고립감을 느끼기가 쉽다. 따라서 원격 근무자들의 성과와 몰입을 위한 원온원은 그 중요성이 더 크다고 할 수 있다. 원격 근무자가 느끼는 고립감과 정보 부족을 해소하기 위해서는 원온원 실행 주기를 더 빈번하게 유지하고 운영 시간도 길게 가지는 것이 좋다. 원격 원온원은 대면 원온원보다 오히려 상대방에게 더 집중해야 하는 원온원이 되어야 하므로 리더가 휴대폰이나 노트북을 보는 등의 멀티 태스킹은 절대 금물이다.

원온원의 효과

리더 관점에서의 효과

앤디 그루브 회장은 "격주에 한 번씩 90분 동안 진행하는 원온원은 향후 2주 동안 팀원의 업무의 질을 한층 높여준다"고 했다. 90분 투자는 2주간의 업무 시간인 80시간 이상의 업무 질이 높아지는 투자 효과가 있어, 이 효과를 원온원 '10X의 효과'라고 하기도 한다. 즉 리더 관점에서 원온원 효과를 투여한 시간의 10배의 효과를 얻는 것이다. 조금 더 구체적으로 원온원을 통해 리더가 얻을 수 있는 효과에 대해 살펴보자.

1) 업무 방향의 정렬alignment 강화

업무 현장에서 자주 발생하는 문제 중 하나는 리더가 생각하고 있는 업무 방향성에 대해 팀원들의 이해가 불명확하다는 점이다. 리더의 모호한 전달에서 기인될 수도 있고, 팀원의 엉뚱한 해석에서 기인될 수도 있다. 하지만 팀원들이 리더에게 재확인하는 것은 쉽지 않아 한참을 어긋난 방향으로 진행하다 나중에 가서야 방향의 문제가 드러나곤 한다. 이렇게 되면 팀원이 투여한 노력이 헛수고가 되고 낭비로 끝나버린다. 그러나 주기적인 원온원을 통해서 방향 정렬에 대한 논의가 계속 이어지게 되면 이와 같은 문제는 발생할 확률이 적어진다.

2) 문제의 조기 발견과 해결

대개 팀원들은 업무의 하이라이트만 이야기하고자 하기 때문에 업무에 내재된 문제점이나 애로 사항을 리더가 모른 채 넘어가는 경우가 많다. 빨리 알았더라면 리더의 도움으로 보다 쉽게 해결하고 수습할 수 있던 문제가 알려지지 않은 채 점점 커져 많은 코스트를 발생시키기도 한다. 원온원에서는 이런 점을 집중적으로 질문하고 논의하게 되므로 업무상 숨어 있는 문제점을 조기에 발견할 수 있어 해결을 위한 지원을 빠르게 투입할 수 있다.

3) 다양한 아이디어 활성화

일반 업무 미팅에서는 상사에게 자신의 의견을 솔직하게 이야기하는 스픽업speak up이 쉽지 않다. 리더의 생각에 반하지 않을지, 수준 낮은 이야기로 들리지 않을지에 대한 걱정으로 결국 침묵을 선택하게 된다. 하지만 원온원에서는 팀원의 아이디어를 요청하는 질문이 계속되고 심리적 안전감이 만들어진 분위기가 형성되기 때문에 스픽업과 각종 아이디어 제시를 좀 더 활발히 할 수 있다. 또한 제시한 것들을 실천 아이템화하여 업무 개선에 반영해 갈 수 있다.

4) 코칭과 피드백 강화

업무 현장에서는 한 사람, 한 사람에 대한 리더의 업무 코칭과 피드백이 쉽지 않다. 질문, 경청, 공감, 피드백을 핵심 스킬로 삼는 코칭 리더십은 요즘 가장 뜨거운 리더십 스킬이지만, 분주한 업무 현장에서는 이 스킬의 발휘가 쉽지 않다. 물론 그룹 코칭이라는 것도 있지만 외부 전문 코치가 아닌 평가자 입장을 갖는 리더가 여러 팀원들이 있는 곳에서 특정 개인에게 솔직한 코칭을 한다는 것은 현실적으로 거의 불가능하다. 리더와 팀원이 가능한 코칭은 일대일 코칭 즉 리더와 팀원 간 서로에게 집중할 수 있는 원온원에서만 가능한 점이다.

원온원의 놀라운 효과에 관한 증거: 구글의 산소 프로젝트Project Oxygen

구글은 높은 성과를 내는 팀장의 특성을 알고 싶어 했다. 높은 성과를 내는 팀장의 특성을 찾아낸다면 이 특성을 리더십 개발에 반영하여 구글 팀장들의 리더십 전반을 높일 수 있을 거라는 생각이었다. 시중에 수많은 리더십 연구가 차고 넘치지만 구글의 산소 프로젝트는 실제 데이터를 기반한 어낼리틱스 방법론 사용, 분석 대상이 된 데이터 방대함, 결과로 나온 특성들의 의외성 측면 등에서 가히 리더십 연구를 대표한다는 생각이 들 정도이다.

구글은 엔지니어들의 기업이다 보니 데이터로 입증되지 않는 주장은 사내에서 전혀 설득력을 가지지 못한다. 높은 성과를 내는 팀장의 특성도 외부 전문가들의 주장을 가져와 자신들이 개발해야 하는 리더십의 특성으로 주장한다면 설득력이 매우 약할 것이라는 것을 잘 알고 있었다.

많은 데이터 어낼리틱스 전문가 팀이 구성되어 구글 내 존재하는 수많은 성과 평가 자료, 팀원들의 서베이와 인터뷰 자료 등 방대한 양적 질적 자료를 수집하고 분석하여 마침내 8가지의 우수한 리더 특성을 찾아내게 됐다. 그리고 이 특성은 이후에도 새로운 데이터가 쌓여 가면서 계속 수정·보완되고 있는데 현재는 10개의 특성으로 수정되었다.

처음 찾아낸 8가지 특성 중 가장 임팩트가 큰 것은 바로 '좋은 코치 역할'이었다. 그리고 좋은 코치의 구체적 특성은 바로 팀원들과 원온원

을 정기적으로 진행하는 팀장이었다. 산소 프로젝트가 파헤친 구글에
서 가장 우수한 성과를 내는 팀장들의 비밀은 바로 '정기적 원온원'에
있었던 것이다.

변별력 있는 조직으로의 변화

원온원을 통해 내가 경험한 직원들의 변화가 가장 뚜렷한 영
역은 업무 주도성, 스픽업 그리고 성과 영역이었다. 원온원은 그
동안의 조직 운영이 이 세 가지 영역에서 직원들에게 씌웠던 일
종의 상한ceiling을 풀어버린 느낌이었다. 비슷했던 직원들이 마치
상한의 제약이 없어진 듯 변화의 폭이 큰 직원들이 나타나기 시
작했다. 누구나 비슷한 미디오커mediocre 조직에서 변화의 차이로
변별력이 뚜렷한 차별적 조직으로 변화를 보이게 된 것이다.

첫째, 업무 주도성의 변화

원온원 이전에는 리더가 주도하고 팀원은 따라가는 보편적인
팀 문화로 인해 팀원들의 주도성 발휘에 보이지 않는 상한이 씌
워져 있었다. 또한 팀원 사이에 관행화된 적절한 지시와 수행의

맥락 속에서 팀원 간 업무 주도성의 차이는 크지 않았다. 그런데 원온원에서는 팀원이 자신의 성과를 자랑하기 위해 성과 스토리를 적극적으로 만들고 리더에게 다양한 제안과 지원을 요청하게 된다. 이 과정은 팀원들의 업무 주도성을 고무시키는 동시에 그동안 암묵적으로 씌워졌던 '리더 주도-팀원 집행'이라는 업무 주도성의 상한을 제거해 버리는 셈이다. 이로 인해 팀원에 따라서는 "이 팀원이 이런 팀원이었나?"라고 생각할 정도로 업무 주도성에서 놀라울 정도의 변화를 보이게 된다.

둘째, 성과의 변화

그동안 팀원의 성과를 판단하는 변별력은 약했다. 노력만 하면 달성할 수 있는 적절한 목표 하에서 팀원들의 목표 달성률 차이는 크지 않았다. 자신이 일을 잘 하고 있다는 것을 자랑하고 싶지만 한국 기업 문화의 정서상 뜬금없는 자랑은 미성숙한 사람으로 오해받기 쉽다. 하지만 원온원은 자신의 성과를 드러내고 어필할 수 있는 자리이다. 팀원들은 성과 창출 요소들을 더 적극적으로 찾고 실행하기 시작하며, 이 과정에서 팀원들은 자신만의 차별적 노력을 투입하여 차별적 성과를 만들려는 성과 지향적 태도로 변화한다.

또한 원온원을 통해 성과 책임감accountability이 높아지는 변화를 볼 수 있다. 리더와 성과 정렬alignment에 대한 대화 빈도가 많아지면서, 내 일만 잘 하면 된다는 역할 책임responsibility을 뛰어넘어 최종 성과를 만들어 내는 관점에서 자신의 성과를 바라보게 된다.

셋째, 스픽업speak up의 변화

심리적 안전감이 없는 환경에서 대부분의 팀원들은 순응하는 침묵자형으로, 문제 제기나 스픽업 차원에서 이들의 변별력은 크지 않았다. 간혹 스픽업을 하는 팀원들이 소수 있었지만 반골 기질이 있는 것으로 오해받았고, 결국 스픽업을 하면 손해 보게 될 것이라는 좋지 않은 학습 효과가 있었다. 그러나 원온원에서는 리더가 팀원의 생각과 제안에 대해 많은 질문을 하게 된다. 이 과정이 반복되어 원온원의 횟수가 많아질수록 팀원들은 심리적 안전감을 확보하게 되어 먼저 일을 제안하고 문제점을 짚어내는 스픽업도 활발해진다. 심리적 안전감이 확보된 조직에서는 스픽업 하는 팀원들이 늘어나게 되고, 반골 팀원이 아닌 조직의 기여자로 인식된다.

リーダーシップ省略

직장은 자기 표현의 무대가 되어야 한다

자기 표현은 자신의 모습을 타인에게 보여주고 싶은 욕구이다. 조직 행동학의 구루인 대니얼 M. 케이블은 직장이 자기 표현의 무대가 되어야 한다고 강조한다. 자기 표현은 인간 두뇌의 탐색 시스템 작동을 점화시키는 가장 핵심 요인이다. 자기 표현을 위해 인간은 보다 새로운 시도를 하고자 하며, 주변 환경에서 더 많은 것을 배우고자 하는데 이것이 바로 두뇌의 탐색 시스템이 활성화되는 것이다.

탐색 시스템은 팀원들에게 요구되는 창의성, 혁신이라는 것을 만들어 내는 두뇌 메커니즘이기도 하다. 팀원들이 자기 표현을 잘 하기 위해서는 많은 것이 필요한 것이 아니라 직원들이 자신의 최선의 생각을 직장에서 표현하고 투사하고 사용하도록 리더가 도와주기만 하면 된다. 이렇게 하면 탐색 시스템이 점화되고 열정과 창의성이 생겨나는 팀원의 모습을 볼 수 있게 된다고 한다.[*]

원온원은 그동안 직장 생활에서 찾아보기 어려웠던 자기 표현의 기회를 마음껏 제공한다. 팀원들이 업무 주도성을 발휘하기 시작하고 적극적으로 스픽업 하는 모습의 변화가 바로 원온원이 팀원들에게 자기 표현의 효과적 무대가 되고 있음을 잘 보여주고 있는 것이다.

* 대니얼 M.케이블, 이상원 역, 〈그 회사는 직원을 설레게 한다〉, 갈매나무, 2020.

ML형 리더의 확장

앞서 직책자는 리더와 매니저의 두 개념의 균형을 잘 잡는 ML 형 리더가 되어야 한다고 했다. 하지만 이 두 가지 역할에는 철학적 차이가 존재하여 이를 모두 잘 하기에는 어려운 점이 있다. 관리와 통제 중심의 철학 하에 사람보다는 일에 우선을 두는 매니저 역할에 집중하게 되면, 신뢰와 공감의 철학을 바탕으로 소통에 집중하는 리더의 역할 수행은 그만큼 어려워진다. 일종의 제로섬 관계가 되는 것이다. 그렇다면 제로섬 관계에 있는 두 역할을 어떻게 유연하게 통합할 수 있을까?

이와 관련하여 예전의 경험을 공유해 보고자 한다. 당시 회사는 임원과 팀장의 외부 영입이 활발한 상황이었다. 일반적으로 기존 직원들은 외부 영입에 대해 대체로 부정적인 시각이 있다. 자신들의 성장 가능성을 그들에게 빼앗긴다고 생각하기도 하고, 기존 팀원들에게 문제가 있어 외부인을 영입하여 해결토록 한다는 생각이 들어 자존심이 상하는 것이다. 이 때문에 직원들은 외부에서 영입된 이들을 경원시하고 알게 모르게 텃세를 부리게 된다. 이에 외부 영입 직책자들은 부임 초기에 조직 장악력에 대한 걱정이 클 수밖에 없다. 입사 6개월 경과한 시점에, 이들의 조직 적응 여부에 관련하여 인터뷰를 하였는데 이들은 한결같은 이야기를 전했다.

"처음에는 어떻게 빨리 업무와 팀원들을 파악하고 관리해야 할지 걱정이 많았어요. 그런데 회사에 오니 원온원이 있는 거예요. 저는 가만히 있는데 팀원들이 원온원에서 본인의 업무와 자신의 고민들을 먼저 이야기해 주니 자연스럽게 업무와 팀원들에 대한 빠른 파악이 가능했어요. 팀원들과의 신뢰도 생각보다 빠르게 쌓을 수 있었고요."

일 중심이라는 매니저들의 주 관심인 업무 장악과 성과 관리가 원온원에서 잘 이루어질 뿐 아니라 리더의 소통도 활발히 이루어져 팀원들과의 신뢰 구축도 함께 얻을 수 있게 되는 것이다.

주 단위 혹은 격주 단위로 성과 대화가 이루어지는 원온원은 어떻게 보면 이렇게까지 타이트한 성과 관리가 또 있을 수 있을까라는 생각이 들 정도다. 그런데 이 성과 관리는 상사에 의한 성과 관리가 아닌 팀원 스스로 주도하는 성과 관리이다. 성과 관리를 당하는 것이 아니라 자신의 성과를 키우는 코칭과 지원에 리더를 주도적으로 초대하는 것이다. 매니저와 리더의 역할인 성과 관리, 성장 관리, 행복 관리가 원온원이라는 하나의 툴로 통합할 수 있는 것, 이게 바로 원온원의 매력이다.

글로벌 조사 기관인 갤럽 역시 현장 직책자들이 '성과 중심 관리'와 '몰입 중심 관리'라는 상반된 선택에서 어려워하고 있는 현실에 대해 '원온원'이 이 두 가지를 모두 잘 할 수 있는 가장 좋은 방법이라는 것을 발견하였다.

"관리자가 성과와 몰입을 함께 촉진하는 가장 쉬운 방법 중 하나는 팀원들과 정기적인 원온원을 하는 것이다. 그리고 정기적인 원온원의 시간 투자는 성과와 팀원의 몰입에서 상당한 투자 수익률을 보이는 것으로 나타났다. 성과와 몰입의 팀 문화를 만드는 첫 스텝은 바로 원온원의 스케줄을 잡는 것이다."●

상사를 리소스로 활용하는 원온원

"내가 상사의 리소스일까 상사가 나의 리소스일까?"

이 질문에 대해 일반적으로는 '내가 상사의 리소스'라고 생각한다. 상사의 성과를 내기 위한 휴먼 리소스가 팀원이라는 생각이다. 그런데 내 경험상 일 잘하는 사람들의 공통된 특징은 '상사가 나의 리소스'라고 생각하는 것이었다. 그들은 자신의 성과를 내는 데 상사가 가진 인사이트, 지식, 네트워크, 각종 권한 등을 리소스로 적극 활용하고자 했다.

상사에 대해 어떤 관점을 가지느냐에 따라 상사에게 접근하는

● Annamarie Mann AND Ryan Darby, 'Should Managers Focus on Performance or Engagement?', Business Journal, 2014.8

생각과 행동이 완전히 달라진다. '내가 상사의 리소스'라고 생각하게 되면 가급적 상사를 피하게 된다. 상사가 리소스인 나를 또 어떻게 부려먹을지 모른다는 걱정, 혼낼지 모른다는 두려움 등이 앞서 가급적 상사를 피하는 전략을 갖게 되는 것이다. 하지만 반대로 '상사는 나를 위한 리소스'라는 관점을 가지면 상사를 피하려 하는 것이 아니라 바쁜 상사의 시간을 조금이라도 더 독점하고 싶어 한다. 어려운 상황이나 의사결정이 있을 때마다 상사의 인사이트와 힌트를 더 얻어내고자 하고, 상사의 관심과 지원도 최대한 이끌어내고자 한다. 그만큼 성과 창출에 유리한 입장을 가지게 되는 것이다.

이러한 점에서 원온원은 상사가 아무리 바쁘더라도 상사라는 리소스를 적어도 원온원 시간 동안 온전히 독점할 수 있도록 해주는 미팅이다. 나 역시 CEO와 원온원을 했었다. 워낙 바쁘셨던 분이었기에 내가 속한 조직이 하는 일에 CEO의 관심을 오롯이 갖게 하는 것은 매우 어려웠다. 하지만 원온원 시간만은 예외로 작용했다. CEO의 인사이트에 대해 마음껏 질문하고 힌트를 얻어내고자 했으며, 내가 하는 일에 대해 어필할 수 있고, 전폭적 지원도 받을 수 있는 유일한 시간이었다. 말 그대로 이 시간만큼은 내가 CEO 시간을 독점할 수 있었던 것이다. 이처럼 나에게는 원온원이 매우 중요한 의미였기 때문에 갑작스러운 일정 변경으로 원온원이 취소될 때는 반드시 다시 원온원 일정을 만들어 달라고 CEO의 비서를 귀찮게 하기도 했다. 원온원은 바쁜 리더의 시간을 온전히 100% 독점할 수 있는 '팀원의 권리'이기 때문이다.

팀원 입장:
원온원을 활용하는 이유

원온원이 리더십 발휘의 가장 효과적인 툴이라는 관점에서만 보면 원온원 효익의 주 수혜자는 리더라고 생각할 수 있다. 하지만 팀원 입장에서 얻는 원온원의 효과는 리더가 느끼는 효익 그 이상이다. 팀원들이 느끼는 원온원의 효익에 대한 경험 하나를 공유해 보고자 한다. 당시 회사에서는 전사적으로 원온원을 확산시켰고, 일 년 반 정도 지난 시점에 〈나에게 원온원은 ○○○이다〉라는 공모전을 진행했다. 직원들이 보내온 답변에 깜짝 놀랐었는데 먼저 답변 참여자의 수가 기대보다 많음에 놀랐고, 다음으로 자신이 느낀 원온원에 대한 재치 있는 묘사들에 또 한번 놀랐다. 팀원의 원온원 효익에 대해 내가 보았던 그 어떤 자료보다 생생한 내용이 담겨 있었다.

나에게 원온원은 ○○○이다

비타민	정기적인 원온원은 비타민과 같이 지쳐 있는 나의 몸과 마음을 달래 줄 수 있기 때문이다.
자극제	내가 계획했던 일을 되돌아보고, 새롭게 할 일을 계획하게 하는 자극제이다.
한줄기 빛	업무 및 개인적인 요청사항에 대해서 가장 솔직하게 얘기하고 피드백을 받을 수 있는, 그야말로 빛과 같은 짧지만 희망의 시간이다.
나침반	현재 그리고 미래 PL이 지향하는 방향과 같은 방향을 보고 나아갈 수 있게 하는 나침반이라고 생각합니다.
등대	우여곡절 많은 회사생활에 갈피를 잡게 해주는 '등대' 역할을 '정기적 원온원'이 해준다고 느낍니다. 덕분에 '목표의식'이 명확해졌고 일을 더 열심히 할 수 있게 되었습니다.
거울	미팅을 하다 보면 내가 어떻게 생활하고 무엇을 잘하고 잘못하고 있는지 스스로 깨닫게 된다.
군면회	군에서 부모님께서 면회 오셨을 때 부모님께 힘들었던 점, 마음에 안 드는 점 그리고 좋은 점을 하나하나 말씀 드리면서 마음을 풀어가는 것처럼 '정기적 원온원'도 업무 중 힘들었던 점, 개선했으면 하는 점, 뿐만 아니라 일 외적으로도 고민이 있는 부분에 대해서 대화하면서 마음을 풀어 갈 수 있습니다.
설렘	기본적으로 PL님과 단 둘이 미팅할 수 있는 시간이 원온원 시간이 유일합니다. 미리 공지되는 원온원 일정이 확인되는 순간부터 '설렘'이 시작되기 때문입니다. 잘 진행하고 있는 업무에 대한 칭찬을 기대하며 설레기도 하고, 잘 안되는 업무에 대한 조언을 기대하며 설레기도 합니다. 따라서 저에게는 '설렘'의 시간입니다.
대나무숲	임금님 귀는 당나귀 귀라고 외쳤던 대나무숲은 요즘 SNS상에서 본인이 하고 싶었던 이야기와, 평소 가진 열망, 바람을 표현하는 소통의 장으로 사용되고 있습니다. 리더와의 정기적 원온원을 통해 평소에는 숨기고 있던, 나의 바람, 열정, 비전 등을 공유할 수 있었기에 정기적 원온원은 저에게 '대나무숲'과 같습니다.

효자손	평소 업무 관련 애로 사항을 속 시원하게 말할 수 있어, 시원한 곳을 긁어주는 효자손이라고 생각하게 됐습니다.
해우소	평상시 얘기하기 힘든 마음속 이야기나 쌓아 놓은 부분에 대해서 거침 없이 논의하고 해결책을 찾을 수 있는 자리여서, 꼭 더부룩한 배를 움켜쥐고 있다가 화장실 다녀왔을 때의 시원함이 느껴지기 때문입니다.
새출발	원온원을 통해 나의 현재 상태를 돌아보고 초심을 떠올려 새로 시작할 수 있는 기회이다. 정신없는 일상, 업무에 집중하다 보면 정작 나의 현재 상태(비단 업무뿐만이 아닌 여러 면에서)를 잘 알기가 어렵다. 하지만 원온원을 준비하면서, 또는 원온원 중간에 나의 현 상황을 스스로가 가장 잘 느낄 수 있다. 이를 통해 처음 업무를 시작했을 때의 초심을 회복하고 나태해지거나 지친 마음을 다시 한번 추스를 수 있는 기회이다.
업무변호사	평소 업무를 진행할 때 특정한 문제 해결 부분에 조언을 해주고 합리적인 방향으로 갈 수 있게 일대일로 코칭을 받을 수 있어서
소통	단체 행동 시에는 질문하기 어려운 개인적으로 궁금했던 부분에 대해 질의 응답 시간을 가질 수 있는 좋은 시간이기 때문입니다.
신뢰	정기적으로 원온원은 소통이라고 생각합니다. 심리적으로 관심을 받고 있다는 생각이 들어 회사에 대한 소속감을 느끼며 안정이 됩니다. 정기적인 대화를 통해 부서의 소식과 회사 대내외 소식 및 상사의 생각을 교환할 수 있고, 업무적인 대화가 아니더라도 일상적인 대화로 딱딱한 관계를 유연하게 해주는 거 같습니다. 이로 인해 조금은 소통을 하게 되어 서로를 이해할 수 있고 신뢰가 생깁니다.
졸음쉼터	사무에 지쳐 흐리멍텅해지는 정신 상태를 다시 바로 잡을 수 있는 대화들이 오고 가기 때문에 졸음 쉼터라고 생각한다. 평소 업무와 회사 생활에 관해 PL과 직접적인 의견 교류를 하며 복잡하고 답답한 속앓이가 다소 해소되며, 내 얘기를 들어줄 곳이 있다는 것에 대단한 위로를 느낀다.
작은 소망	미팅을 함으로써 내가 원하는 것을 얻을 수 있는 기회 또는 순간이며 작은 소망이 이루어질 수 있기 때문에

고성과 리더의 비밀, 원온원

한약	쓰지만 약이 되는 시간이다.
비상구	우리는 회사의 사무실이라는 건물에 들어오게 되면 개인의 주장을 펼치기 힘든 상황에서 단체에 획일화되어 버리는 상황에 처하는 경우가 많습니다. 그렇기에 원온원을 통해서 그 건물에서 나갈 수 있는 비상구라는 표현이 맞지 않을까 라는 생각을 했습니다.

예시한 위 답변들에서 팀원 입장에서 느낄 수 있는 효익은 대부분이 망라되어 있는 듯하다. 이런 효익은 다음과 같이 몇 가지로 요약된다.

첫째, 리더와 개인적 관계 강화 및 신뢰감 구축

리더와의 신뢰 관계에 따라 그 소통의 양과 질은 크게 달라진다. 관계가 편하면 심리적 안전감이 올라가 어떤 질문이나 요청도 보다 쉽게 할 수 있고, 눈치를 살펴야 하는 고충도 줄어든다. 당연히 일의 추진도 쉬워지고 상하관계에서 오는 스트레스도 줄어들게 된다. 하지만 상사와 편안한 관계를 형성하는 것은 쉬운 일이 아니다. 예전에는 회식이나 술자리로 이런 부분을 대신했지만, 요즘은 이런 자리를 서로 피하기 때문에 관계 구축이 더 어려워진 것도 사실이다. 이런 상황에서 원온원은 상사와의 관계 강화에 매우 유용하다. 주기적으로 상사와 대화를 반복적으로 하다 보면 서로에 대한 인간적 신뢰가 쌓이고 이해의 폭이 확대되어 상사와의 관계가 좀 더 편해지게 된다. 이를 통해 상사와 팀원이라는 계약적 관계를 넘어서는 인간적 관계가 형성될 수 있다.

둘째, 업무의 우선 순위와 목표의 명확한 인식

팀원들은 항상 일의 방향과 우선순위에 대한 리더의 생각을 궁금해한다. 본인이 열심히 하고 있는 일을 리더도 중요하게 생각하고 있는지 혹은 자신이 엉뚱한 일에 시간을 쏟고 있는 것은 아닌지 등 궁금한 부분이 많다. 리더의 업무 지시의 이유가 분명하지 않는 경우도 많은데 바로 되묻기는 어려워 그 상태로 일을 진행해 버리는 경우도 많다. 원온원에서는 일의 방향과 우선순위에 대해 편안하게 질문할 수 있다. 원온원을 통해 상사와의 방향 정렬이 보다 정확히 이루어져 팀원 입장에서 일의 효율성과 효과성이 높아지고 불필요한 스트레스를 줄일 수 있다.

셋째, 용이한 피드백 요청

성장 마인드셋growth mindset에서도 강조되고 있지만 리더의 피드백은 팀원들의 학습과 성장의 좋은 원천이다. 하지만 일상 업무 상황에서는 상사에게 피드백을 요청하기도 어렵고 상사들도 불편한 피드백을 가급적 피하려 한다. 설사 피드백을 받는다 해도 깊은 대화에서 나오는 피드백이 아니기 때문에 그 수용도가 낮아질 수밖에 없다. 하지만 원온원에서는 팀원 스스로 적극적인 피드백을 요청하고 충분한 대화를 하기 때문에 피드백에 대한 수용도가 높아지게 된다.

넷째, 팀에 대한 의견이나 아이디어 제시

팀의 문화나 방식은 팀원 자신의 일하는 환경이 된다. 이것에서 불합리나 비효율이 발생하면 고스란히 자신의 업무에 부정적영향을 미치게 되고 업무 추진은 그만큼 힘들어진다. 그런데 팀이 일하는 방식에 대해서 팀원이 왈가왈부하게 되면 자칫 리더의 권위에 도전하는 것처럼 비칠 수도 있어 의견 개진이 쉽지 않다. 그래서 불합리하더라도 어쩔 수 없이 안고 가기가 일쑤다. 하지만 원온원에서는 오히려 리더가 팀원에게 이런 피드백을 적극적으로 요청하게 되어 팀에 대한 의견이나 아이디어 개진이 훨씬 쉬워지고 이를 통해 팀원들이 보다 더 일을 잘 할 수 있는 환경을 스스로 만들 수 있다.

다섯째, 커리어 육성과 성장에 관한 코칭

팀원들에게 커리어 성장은 가장 고민되는 부분이다. 자신에게어떤 분야가 맞는지, 어떤 성장 경로를 준비해야 할지 막막해 미래가 불투명하게만 보이는 경우가 많으며 이는 고용안정성에 대한 불안감으로 이어지기도 한다. 직원 자신을 가장 객관적으로잘 알고 있는 사람은 직속 리더로, 팀원의 성장에 대해 가장 조언을 잘 해줄 수 있는 사람이다. 원온원을 통해 수시로 장단점에 대해 피드백 받고, 그에 따른 변화 노력을 하면서 지속적으로 성장에 관한 대화를 해나갈 수 있다. 이 대화를 통해 팀원 스스로 자신을 객관적으로 바라볼 수 있고, 육성과 성장에 대한 자극을 상시적으로 받게 되어 더 많은 노력이 일어날 수 있게 된다. 또한 커리어 성장을 준비하는 차원에서 넥스트 업무나 직무에 대한 요청도 가능하며 리더의 다양한 지원을 얻어낼 수도 있다.

원온원 진행 방법

원온원 논의 아젠다

원온원은 일반 업무 미팅과 비교했을 때 비공식적이고 개인적인 특성이 있다. 이런 이유로 원온원을 티타임 미팅처럼 사전 준비 없이 즉흥적으로 토픽을 정하는 미팅으로 생각하기 쉽다. 하지만 원온원을 가장 효율적으로 활용하고, 팀원이 주도적으로 이끌어 나가기 위해서는 무엇보다 논의 아젠다가 그 어느 미팅보다 잘 준비되어야 한다. 업무 미팅은 참석한다 해도 팀원의 발언 기회와 시간이 많지 않지만 원온원에서는 참석한 팀원이 주도적으로 많은 발언을 해야 하기 때문이다. 원온원 논의에 적합한 아젠다의 예는 다음과 같다.

1) 업무(프로젝트)

원온원의 최우선 토픽은 진행하는 있는 업무일 수밖에 없으며, 논의에 가장 많은 시간이 투여되는 아젠다이다.

- 진행하는 업무의 중점 사항top priority이 무엇인지
- 그 업무들은 어떻게 진행되고 있는지(잘 진행된 점은 무엇이고, 겪고 있는 어려움은 무엇인지)
- 해결을 위한 어떤 방법을 생각하고 있는지
- 리더에 대한 지원 요청 사항은 무엇인지
- 업무와 관련해 보다 깊이 논의하고 싶은 것은 무엇인지
- 새롭게 추진이 필요한 일은 무엇인지

2) 역량 및 커리어 성장

역량이나 커리어 성장은 중요한 이슈이나 업무 관련 논의만큼 매주 논의하기에는 적절하지 않을 수 있다. 매월 혹은 격월에 한 번씩 오직 성장 중심의 아젠다만 가지고 집중적으로 논의하는 방법도 좋은 접근이다.

- 업무나 프로젝트 수행에서 어떤 러닝learning이나 역량 성장이 있었는지
- 추가 필요한 역량은 무엇이고 이를 위해 어떤 노력을 하고 있는지, 그 노력의 결과가 어떤 것인지

- 어떤 새로운 경험과 학습을 하고 싶은지
- 어떤 업무를 새롭게 수행하고 싶은지
- 커리어 목표는 무엇이고 지금 그 길로 가기 위해 필요한 것은 무엇인지
- 내 역량의 장점은 무엇이고 더 보완해야 할 약점은 무엇인지
- 장점을 강화하고 약점을 보완하는 어떤 노력을 하고 있고, 추가적으로
  필요한 노력이 무엇인지

3) 개인적 행복

개인의 행복 관련 사항은 팀원이 아젠다로 먼저 올리기는 쉽지 않을 수 있어 리더가 먼저 질문을 통해 팀원이 속내를 이야기할 수 있도록 도와주어야 한다. 원온원을 시작할 때 스몰토크small talk로 질문하는 방법도 있다.

- 전반적인 개인 행복도는 어떠한지, 특별히 높거나 낮으면 무슨 이유가
  있는지
- 개인적으로 흥미를 두는 일은 무엇인지
- 활력소는 무엇이고 힘든 것은 무엇인지
- 직원들과의 관계에서 어려운 점은 없는지
- 개인적으로 리더에게 부탁하고 싶은 것은 무엇인지

4) 팀에 대한 의견

원온원은 자신의 업무를 넘어서 팀 업무나 팀 운영에 관한 의견도 스픽업 할 수 있는 자리이다. 조직 내 갈등, 일하는 방식 등의 문제점에 대해 팀원들은 알고 있지만 직책자는 모르고 있는 경우가 적지 않다. 무지의 빙산Iceberg of Ignorance은 직원들이 상사들과 좀처럼 소통할 기회가 없어 자신이 알고 있는 정보를 상사와 굳이 공유하지 않는 것에서 나타나는 현상으로 리더들이 얼마나 현장의 문제에 무지한지를 잘 보여주는 개념이다. 원온원이라는 심리적 안전감이 높은 미팅에서는 리더들이 팀원들만 알고 있는 문제들에 대한 공유를 요청하고 팀원들은 불안감 없이 이야기할 수 있다. 리더는 팀원에게 자신의 리더십에 대한 평가와 피드백을 요청할 수도 있다. 원온원에서 여러 팀원들에게 자신의 리더십에 대한 피드백을 듣고 종합해보면 자신의 리더십 개선에 반영할 수 있는 매우 의미 있는 정보들을 얻어낼 수 있다.

- 팀의 일하는 방식이나 팀 문화에서 문제점은 무엇인지
- 팀원 간 협업이 잘 되고 있는지 갈등은 없는지
- 리더의 리더십에 아쉬운 점은 무엇인지
- 팀 업무 추진에서 리더가 모르고 있는 문제점은 무엇인지

5) 실천 아이템Action item

원온원은 논의만 하고 끝내는 것이 아니라 실천 아이템으로 연계시키는 것이 중요하다. 앞서 논의한 아젠다들에서 작은 실천 아이템이라도 되도록 많이 찾아내는 것이 개선을 향해 한걸음 더 다가가는 것이다. 실천 아이템에 대한 실천 과제는 팀원에게만 해당되는 것이 아니라 리더와 팀원 모두에게 해당된다.

무지의 빙산iceberg of ignorance

컨설턴트 시드니 요시다Sidney Yoshida는 현장의 정보가 계층을 뚫고 올라가는 것이 얼마나 힘든지 분석하여 '무지의 빙산'이라는 이름으로 경영진의 소통 노력의 중요성에 대한 통찰을 보여줬다. 경영진이 현장 문제에 대해 알고 있는 것은 단지 4%의 빙산의 일각tip of iceberg에 불과함을 말한다. 현장의 팀장 역시 74%로 문제 인식도가 저하되고, 실무 임원이 되면 문제의 인식도가 9%로 급격히 저하된다.

이는 새로운 문제가 아니다. 어떤 기업이든 이런 문제를 인식하고, 상하 소통 활성화에 노력하고 있을 것이다. 문제는 팀원들이 마음 편히 스픽업 할 수 있는 심리적 안전감을 조직 문화로 만드는 노력을 얼마나 하고 있느냐이다.

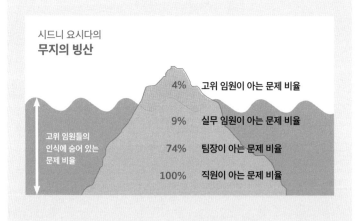

시드니 요시다의
무지의 빙산

4% 고위 임원이 아는 문제 비율

9% 실무 임원이 아는 문제 비율

고위 임원들의
인식에 숨어 있는
문제 비율

74% 팀장이 아는 문제 비율

100% 직원이 아는 문제 비율

논의 아젠다의 템플릿화

원온원 아젠다들을 사전에 템플릿으로 구성하여 만들어두면, 미팅을 준비할 때나 진행할 때 여러모로 도움이 된다. 원온원의 짧은 시간을 고려하면 표준 템플릿의 모든 아젠다를 한 번에 채운다든지 다룰 필요는 없다. 그날 미팅에 따라 유연하게 선택적으로 한두 가지에만 집중할 수도 있다.

원온원 미팅 자료 템플릿 예시

날짜		김○○ 프로
업무와 성과	우선순위 업무	지난주 업무 최우선 순위와 진행 사항 요약 (아주 간단히)
	잘 진행된 점	성과, 노력 인풋 과정, 협업 지원
	어려운 점	진척을 막는 애로 사항, 고민
	새로운 생각	업무 추진에 대한 새로운 생각이나 아이디어 공유
지원 요청 사항		팀장에게 지원 요청 사항이나 코칭 요청 사항
팀 업무 관련 논의 상항		팀 전체 업무와 관련한 생각이나 아이디어 공유
학습 및 육성 관련		학습 과정 관련, 참여 희망 프로젝트, 커리어 고민 사항, 역량 피드백 및 역량 코칭 요청
특별 논의 희망 사항		특별히 이번 미팅에서 집중하여 상의하고 싶은 사항
실천 아이템 follow up		실천 아이템의 진행 경과

고성과 리더의 비밀, 원온원

원온원 사전 준비

나는 상사인 CEO와 원온원을 하기 위해 항상 두 시간 정도 준비 시간을 가졌었다. 논의 사항을 한두 장 정도의 워드 문서로 만들었는데, 나와 우리 조직이 만들어 내고 있는 성과와 그 의미, 상사의 스폰서십을 요청해야 할 사안 및 개인적 질문 항목, 건의 사항 등을 주로 메모에 포함시켰다. 뿐만 아니라 산하 부서장들에게 CEO와 논의가 필요한 사안이 없는지 사전 확인을 거쳐 이들의 의견 역시 적극 수렴해 두었다.

효과적인 원온원을 위해서는 리더와 팀원 각각 사전 준비가 필요하다(물론 미팅의 오너인 팀원의 준비 사항이 훨씬 많고 중요하다). 원온원은 주기적으로 계속 이어지는 미팅이므로 지난 미팅과 이어져야 하는 논의를 위해 지난 미팅 회의록을 먼저 리뷰해서 논의할 사항을 확인하고, 지난번 합의한 실천 아이템에 관한 추후 진행 사항도 미팅 전에 확인해 두어야 한다. 또한 이번 주 새롭게 논의하고 싶은 내용에 대해서도 간단히 메모해서 참석하는 것도 필요하다.

1) 팀원 준비 사항

미팅 시간: 원온원은 주기성을 띠어야 하므로, 진행하는 시간이 고정되어 있으면 사전 준비가 편리해진다. 리더와 서로의 스케줄을 보며 논의하여 '매주 혹은 격주 목요일 오후 4시'와 같이 고정적 시간을 합의하는 것이 좋다. 불가피하게 미팅 시간 조정이 빈번해질 경우, 리더는 일정을 재조정하는 것보다는 다음 미팅으로 연기하고자 하는 경향을 보인다. 이때 팀원은 '원온원은 상사라는 리소스를 온전히 독점할 수 있는 나의 권리'라는 관점으로 가급적 취소가 아니라 날짜를 재조정하는 적극적인 자세를 지니는 것이 좋다. 만약 시간 조정이 어렵다면, 유연 근무 시간을 고려한 이른 시간이나 늦은 시간을 고려해보는 것도 좋다.

미팅 장소: 회의실이나 사내 카페테리아 등 원온원이 잘 이루어질 수 있는 독립된 공간 혹은 편안한 장소를 정한다. 원격으로 진행할 경우 줌과 같은 원격 회의 툴을 예약한다. 원온원은 일반적으로 회의실에서 진행하지만, 장소가 허락된다면 가끔 분위기를 바꾸어 카페 원온원이나 산책을 하면서 하는 워킹 원온원을 제안해보는 것도 좋다.

논의 아젠다별 메모: 지난 원온원 회의록을 참조하여 이번 미팅에서 논의하고 싶은 아젠다를 미리 고민하고, 아젠다 템플릿에 이야기할 내용을 메모해 둔다. 지난 미팅에서 실천 아이템이 있었을 경우 팔로우업 사항도 정리한다. 사전 준비가 잘 되어야 원

온원 진행 시 자신의 생각을 간단명료하게 이야기할 수 있다. 이전의 원온원들이 너무 업무와 성과 위주의 논의에 치우쳐 진행되었다면, 이번 원온원은 개인적 고민 이슈를 중심으로 아젠다를 구성할 수도 있다.

미팅 전 메일 공유: 내용을 기입한 아젠다 템플릿을 리더에게 미리 공유하는 것이 좋다. 원온원 준비성과 적극성을 보여줄 수 있을 뿐만 아니라 리더가 자신의 보다 높은 관심을 유도할 수 있게 해준다. 다만, 메일을 미리 공유하는 것이 장점도 있지만 단점도 있을 수 있다. 상사에게 보내는 메일인 만큼 공식적인 내용이 되기 쉬워 매번 텍스트로 개인적 고민을 적는 것이 여간 부담이 되지 않을 수 없다. 아젠다 내용의 개요를 얼마나 성의 있게 그리고 자세하게 적어서 보내야 할지도 고민이 될 것이다. 이렇게 되면 메일 내용을 쓰는 것이 원온원 미팅보다 더 힘들어질 수도 있게 된다. 이런 장단점을 모두 고려하여 방법을 선택하는 것이 좋다.

2) 리더 준비 사항

리더 역시 미팅 전에 지난 원온원 회의록을 살펴보면서 점검할 부분, 추가 논의할 부분 등을 확인해야 한다. 리더가 지원을 약속한 부분에 대한 답변 및 진전 사항을 준비한다. 팀원과 공유하고 싶은 정보나 피드백하고 싶은 내용과 팀원으로부터 피드백이나 지원을 요청할 사항도 함께 준비한다.

팀원이 사전에 논의 아젠다를 보냈다면 이 내용을 충분히 검토하고 미팅에 임한다. 팀원이 보낸 아젠다에 리더가 원하는 논의 내용이 빠져 있다면, 메일로 미리 알려 주는 것이 좋다.

원온원의 효과적 진행 방법 9가지

'원온원을 잘 하는 방법'을 검색하면 정말 많은 자료가 나온다. 대부분은 현장 리더들이 자신의 경험을 정리한 노하우를 올린 내용들이다. 재미있는 점은 그들의 노하우들이 유사하게 몇 가지로 수렴되고 있는데, 원온원 성공적 진행을 위한 '이 이상의 색다른 방법은 더 없구나'라는 생각을 들게 한다. 수렴되는 몇 가지 핵심 노하우를 살펴보도록 하자.

1) 미팅 주기를 정하고 시간을 사전에 확정한다

동화 〈어린 왕자〉에는 고정적 일정의 중요성을 이야기하는 대화가 나온다. "언제나 같은 시간에 오면 좋을 것 같아요. 가령 당신이 오후 4시에 온다면 나는 3시부터 마음이 즐거워질 거예요. 그러나 당신이 아무 때나 찾아오면 나는 당신을 맞이할 마음의 준비를 언제부터 해야 할지 모르게 되지요."

이처럼 미팅 주기와 시간을 사전에 확정하는 것이 중요하다. 가령 '○○○ 매니저와 매주 금요일 오후 2시'로 일정을 고정적으로 정하는 것이다. 참석 팀원이 시간에 맞춰 준비를 할 수 있도록 해주는 것이 주기적인 사전 시간 예약이다. 주기적으로 정해진 미팅 시간은 다른 업무 약속과 중복되지 않도록 하기 때문에 미팅의 빈번한 취소도 예방할 수 있다.

2) 주기는 매주 혹은 격주로 진행한다

원온원은 정기적으로 진행해야 가장 좋은 효익을 볼 수 있는 미팅이다. 시간이 가능하다면 매주 원온원을 진행하는 것이 제일 좋다. 하지만 조직 규모나 팀장의 스케줄에 따라 격주 혹은 매월 주기로 운용할 수도 있다. 다만 주기가 길어질수록 그 효과는 감소할 수밖에 없는 점은 인지해야 한다. 원온원에서는 성과 대화가 논의의 가장 많은 비중을 차지한다. 수시로 변화하는 시장 상황에서는 문제점 발견과 해결책 투입의 즉시성이 매우 중요하다는 점에서 빠른 주기의 성과 대화가 더 효과적일 수밖에 없다. 또한 원온원은 지난 미팅을 기반으로 이어지기 때문에, 주기가 길어지면 이전에 논의했던 사항들과 실천 아이템 등에 대한 기억이 희미해져 대화를 연결시키는 것이 어렵다. 한 달에 한 번 몰아서 하는 것은 세 끼 식사를 한 끼로 해결하겠다는 것과

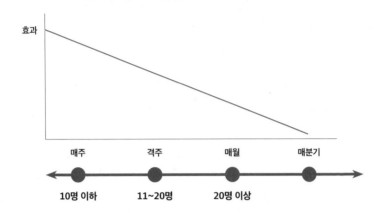

실행 주기: 얼마나 자주 해야 하나?
하루에 약 1시간 원온원 시간 투여 기준의 가정하에 팀 규모별 원온원 주기 추천

효과

매주   격주   매월   매분기

10명 이하   11~20명   20명 이상

동일하다.

경우에 따라서는 팀원별로 주기를 달리할 수도 있다. 코칭이 더 필요한 주니어 사원의 경우는 주기를 좀 더 짧게 하고, 스스로 알아서 잘 할 수 있는 시니어 사원의 경우는 주기를 좀 더 길게 갖는 것도 하나의 방법이다.

리더들은 여전히 가장 좋은 주기로 추천되는 매주 단위 원온원을 일정상 큰 부담이라고 생각하는 듯하다. 하지만 과연 그렇게 부담되는 수준일까? 팀장의 업무 시간에서 원온원에 매일 한 시간만 투자한다고 생각해보자. '하루에 한 시간'. 아무리 바쁜 팀장이라 하더라도 이 정도는 마음만 먹으면 재량적으로 충분히 확보할 수 있는 시간으로 보인다. 이것조차 어렵다면 그것은 마

음이 없는 것 아닐까?

원온원의 미팅 시간을 30분 정도로 상정한다면, 하루에 한 시간의 시간 투자를 통해 일주일 동안 8~10명과의 위클리 원온원이 가능하며, 리더의 큰 시간 부담 없이 진행할 수 있는 수준이 된다.

즉 10명 이하의 팀은 매주, 10명이 넘어서 20명까지는 격주의 원온원을 충분히 고려할 수 있는 것이다. 20명을 넘어서면 하루에 한 시간보다 더 많은 시간을 투입하거나 그 주기를 월 단위로 늘릴 수밖에 없다. 다만 원온원의 주기가 늘어날수록 그 효과성의 저하는 감수해야 한다.

원온원의 주기와 운영 시간에 대한 미국의 한 조사에 따르면 주 단위로 진행하는 원온원이 가장 일반적이고 그 다음이 격주 단위로, 이 두 가지 운영 방법이 대부분을 차지하고 있다. 월 단위 원온원은 9% 정도가 되는데, 이를 초과하는 주기는 거의 없는 수준임을 볼 때 매달의 원온원 주기는 정기적 원온원이라는 이름을 붙일 수 있는 마지노선으로 보인다.

얼마나 자주 원온원 미팅을 하고 있나요?

■	매주	66%
■	격주	20%
■	매월	9%
■	격월	1%
■	매분기	2%
■	매년	1%
■	기타	1%

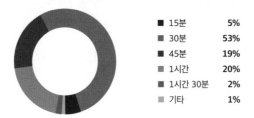

원온원 미팅 시간의 길이는 어느 정도인가요?

■	15분	5%
■	30분	53%
■	45분	19%
■	1시간	20%
■	1시간 30분	2%
■	기타	1%

출처: The State of high performimg teams in Tech 2022, Hypercontext.com

3) 운영 시간은 30~60분으로 진행한다

"나는 일대일 면담이 적어도 한 시간 이상은 진행되어야 한다고
생각한다. 내 경험상 그것보다 시간이 짧으면 팀원은 신속하게
처리할 수 있는 간단한 업무만 면담 주제로 삼는다."

원온원의 아버지라고 불리는 앤디 그루브 회장은 60분이 가장
바람직한 운영 시간이라고 말했지만, 운영 시간에 대한 정답은

없다. 팀의 규모, 운영 주기 등을 감안하여 각 조직별로 최적 시간을 정할 수밖에 없다. 가령 주 단위의 원온원이라면 좀 더 짧은 시간으로 운영하고, 격주나 월 단위의 원온원처럼 주기가 길다면 좀 더 긴 시간을 할애할 수 있다.

앞선 조사에도 나와 있지만 가장 일반적인 시간 운영은 30분과 60분 사이인 듯하다. 나 역시 처음에는 30분으로 운영하였으나 항상 시간에 대한 압박감을 받았다. 결국 60분으로 시간을 변경하였는데, 그 결과 서로가 만족스러운 원온원을 진행할 수 있었다. 시간을 타이트하게 정해 압박감을 받는 것보다 여유 있게 정하는 것이 충분한 소통에 더 좋은 방법으로 보인다.

4) 미팅을 취소하지 않는다

리더의 바쁜 스케줄을 감안하면 사전에 약속된 원온원이 취소되거나 지연되는 경우들이 많이 발생한다. 하지만 미팅이 빈번하게 취소되거나 리더가 약속 시간보다 늦게 나타나면, 팀원들은 리더에게 원온원이 후순위라는 무언의 메시지로 인식하게 된다. 이에 리더들은 가급적 계획된 일정을 지키는 것이 최선이고, 불가피하게 취소해야 할 경우에는 시간을 재조정하여 원온원을 매우 중요한 업무 중 하나로 생각하고 있다는 인식을 전달해야 한다.

또한 원온원이 취소되는 사정이 발생할 때는 재일정을 잡는 것으로 원칙을 정하는 것이 좋다. 이런 원칙이 없으면 재일정을 잡아야 할지 다음으로 넘겨야 할지 리더와 팀원 모두 고민되며, 아무래도 다음으로 넘기는 결정을 쉽게 할 수 있게 된다. 이런 고민을 없애기 위해 원온원 일정 취소 통보는 항상 일정 재조정 통보로 대체되어야 함을 원칙으로 할 필요가 있다.

5) 미팅 시간을 구조화한다

미팅 시간 운용을 구조화하면 좋다. 구조화된 것이 없으면, 스몰 토크만 주고받다 시간이 흘러가는 경우가 생기고, 논의 주제가 엉뚱한 방향으로 빠져 시간이 끝나버리는 경우도 있다. 이를 방지하고자 약 30분의 시간을 운용하는 '10:10:10 운용법'은 참고할 만하다.

Intro	1~2분간 small talk
First 10	팀원의 시간 : 아젠다에 대한 생각들을 이야기하기
Second 10	팀장의 시간 : 피드백, 정보 공유, 고민 공유
Last 10	오늘 주요 논의 사항 확인, action item 도출 및 확인

10:10:10이라는 예시를 두었지만, 팀원의 발언 시간을 좀 더 많이 확보하자는 의미에서는 15:10:5의 시간 운영도 충분히 좋은 시간 운영이다. 효율적 시간 운영을 위한 대략의 시간 프레임일 뿐, 반드시 준수해야 하는 것이 아니다. 상황에 맞춘 유연한

시간 운영을 할 수 있어야 할 것이다.

6) 구성원 주도로 미팅을 운영한다

원온원은 '리더의 시간'이 아니라 '팀원의 시간'이라는 인식이 기반되어야 한다. 참석자인 팀원 한 사람의 업무에서 개인사까지 팀원과 관련된 모든 것이 논의 아젠다가 된다. 팀원의 발언점유율이 60~70% 정도가 좋다. 재미있는 점은 상사가 자신의발언 점유율을 30% 수준으로 차지했다고 생각해도 원온원을 녹음해서 들어보면 상사의 발언 점유율이 60~70%가 되는 경우도많다는 것이다. 그동안 미팅에서 상사 중심의 발언이 워낙 일반화된 것이라 자신은 적게 이야기했다고 생각해도 실제로는 훨씬많은 발언 점유율을 차지하는 것이다.

〈하드씽The Hard thing〉의 저자 벤 호로위츠Ben Horowitz는 팀원의발언 점유율이 90%가 되어야 한다고 주장한다. 하지만 내 경험으로 볼 때 60~70% 정도면 적절하다고 말하고 싶다. 나는 상사와 그리고 부하와의 원온원을 모두 경험해 보았다. 상사와 원온원을 할 때는 상사가 듣고만 있는 것보다, 적절하게 본인의 속내와 의견을 이야기해 줄 때 원온원이 나에게 더욱 도움이 되었다.원온원에서는 부하가 상사에게 궁금한 사항을 마음껏 질문할 수도 있는 자리이다. 나 또한 팀원들로부터도 많은 질문을 받기도했다. 이럴 때는 답변을 하는 상사의 발언 점유율이 다소 높아질 수도 있다. 리더가 해야 할 이야기가 많은 날에 리더의 발언 점유율이 너무 높아지지 않게 조정할 수 있는 손쉬운 방법이 있다. 원온원 시간을 좀 더 늘려서 팀원도 이야기할 시간을 만들어 주는 것이다. 중요한 점은 팀원이 하고 싶은 이야기를 마음껏 할 수 있도록 분위기를 주도하는 것이며, 이에 맞게 발언 점유율을 유연하게 운용해야 한다.

7) 리더의 질문으로 대화를 이어간다

원온원은 팀원의 시간이지만, 언제나 대화는 리더의 질문으로 시작되어야 한다. 간혹 리더들은 '팀원이 내성적이어서 원온원에서 말을 잘 하지 않는다' '이야기가 뚝뚝 끊겨서 어색한 분위기가 만들어진다'는 경험을 토로한다. 그러나 이 경우는 팀원의 이야기가 끊긴 게 아니라 팀장의 질문이 끊어진 것으로 봐야 한다. 팀장은 팀원들의 이야기가 끊어지지 않도록 끊임없이 질문을 던져서 하고 싶은 이야기를 할 수 있도록 도와주어야 한다. 리더의 질문과 관련하여 앤디 그루브 회장은 '질문을 하나 더 하라!Ask one more question!'의 원칙을 강조하고 있다.

"어떻게 해야 팀원이 자신의 문제를 다 말할까? '질문을 하나 더 하라!' 팀원이 하고 싶은 말을 모두 했다고 생각하더라도 상사는 한 가지 질문을 더 해야 한다. 상사가 자신과 팀원이 문제의 밑

바닥까지 모두 다뤘다는 느낌이 들 때까지 팀원에게 계속 질문을 던짐으로써 사고의 흐름을 계속 유지하게 해야 한다."[*]

8) 리더는 미팅 몰입의 모습을 보인다

팀원이 이야기하고 있는데 휴대폰을 본다든지, 다른 생각에 골몰한다든지, 딴짓을 하면 팀원은 팀장의 진정성을 느끼지 못하게 된다. 이 상황이 지속되다 보면, 팀원 역시 더 이상 이야기하지 않게 되고 미팅을 빨리 끝내고자 할 것이다. 팀원이 하는 이야기에 대해 메모하면서 듣는 것도 몰입도를 보이는 좋은 팁이다. 아울러 팀원의 이야기를 한번 더 요약해서 되짚어 이야기하는 패러프레이징paraphrasing도 좋은 방법으로 추천한다.

9) 미팅 회의록을 남긴다

미팅 직후 팀원은 미팅 내용을 요약해 팀장과 메일로 공유하도록 하는 것이 좋다. 매번 논의 내용이 기록으로 남아 있으면 실행에 대한 두 사람의 의지commitment가 높아지고, 향후 지속적으로 참고할 수 있다. 특히 회의에서 합의된 실천 아이템을 회의록에 명확히 적어 서로 한번 더 확인하는 것이 좋다.

이렇게 팀원들과 진행한 원온원 회의록이 누적되다 보면, 이

---

* 앤드루 S. 그로브, 유정식 역, 〈하이 아웃풋 매니지먼트〉, 청림출판, 2018.

자료들은 리더가 팀원에 관한 많은 것을 이해하고 평가하는 데 그 어떤 자료보다 좋은 자료가 될 것이다. 팀원에게도 이 자료는 리더에게 피드백 받고 코칭 받은 부분들을 계속 확인할 수 있으며, 자신의 성과 창출 과정도 잘 확인할 수 있게 된다.

리더십 인사이트

리더 입장에서 최적의 팀 규모는 몇 명일까?

한국 기업들의 경우 20명 이상의 대규모 팀들은 아주 흔한데, 8~10명 이상이면 매주 원온원이 어려워지고 16~20명 이상이면 격주 원온원도 어려워진다. 팀 규모가 크면 그만큼 정기적 원온원 실천이 어려워지게 된다.

그동안 우리 기업들은 조직 수를 늘리는 것보다는 한 사람의 직책자가 보다 많은 팀원을 관리하는 것, 즉 팀 규모를 키우는 것이 오버헤드 코스트overhead cost를 줄이는 효율적 조직 운영이라고 생각해 왔다. 이런 차원에서 대팀제를 조직 비대화를 막는 조직 설계의 원칙으로 내세우는 기업들도 적지 않다. 리더들도 작은 팀보다는 대규모팀을 선호하는 듯 한데, 팀원의 숫자가 팀장의 능력이나 파워를 상징한다는 생각이 강하기 때문이다.

VUCA 시대가 되면서 업무간 조정과 협업이 성과 창출의 관건이 되기 시작했다. 어디서나 소통의 문제가 성과 창출의 가장 큰 장애 요인으로 이야기되기 시작했다. 팀의 인원수가 늘어나면 소통 코스트는 지수적으로 늘어나기 때문에 최적 팀 규모의 고민이 새롭게 시작되었다.

아래 그림을 통해 인원이 한 명 늘 때마다 개인들의 소통 라인은 지수적인 상승을 하고 있음을 명확히 파악할 수 있다.

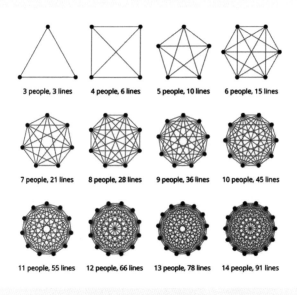

(출처: https://getlighthouse.com/blog/developing-leaders-team-grows-big)

팀 규모의 매직 넘버를 찾고자 하는 여러 연구도 진행되었다. 4.6명을 매직 숫자로 이야기하기도 하고 6명을 매직 숫자라고 이야기하기도 했다. 하지만 거의 모든 연구들의 일관된 주장은 10명 이하의 소규모 팀이 가장 높은 생산성이 유지한다는 것이다.

이런 연구 결과에 맞추어 글로벌 컴퍼니들은 소규모 팀의 설계 원칙을 철저히 따르려 하고 있다 가장 유명한 사례가 아마존의 제프 베이조스Jeffrey Bezos 회장이 직접 강조한 two pizza팀이다. 두 개의 피자면 충분히 먹을 수 있는 팀 규모(약 8~10명) 보다는 크지 않아야 한다는 조직 설계의 원칙이다. 구글에서도 자체의 연구를 통해 평균 6명의 팀 규모를 유지하고 있다고 한다.

마이클 롭Michael Lopp이라는 조직 전문가는 팀의 최적 규모를 7~10명으로 주장하면서, 리더가 매주 원온원을 소화할 수 있는 규모를 넘어선다면 팀 규모가 이미 과대해진 것이고 팀 규모의 재조정을 고민해야 한다고 강조한다.* 원온원을 통한 소통 활성화가 조직 규모를 결정하는 가장 중요한 요소라고 보는 것이다.

한국의 기업들과 리더들은 언제나 소통의 중요성을 강조한다. 하지만 그들은 정작 원활한 소통과 리더십 발휘를 가능하게 하는 데 가장 중요한 요소인 팀의 최적 규모에는 별로 관심이 없는데, 이는 아이러니이다. 조직비대화라는 문제는 조직 수가 늘어나는 것보다 단위 조직의 인원수가 늘어나는 것에 있다는 생각의 전환이 필요하다.

• https://randsinrepose.com/ seven plus or minus three

고성과 리더의 비밀, 원온원

원온원의 기술 : 리더의 질문

겸손한 질문인가 오만한 질문인가

기업문화의 구루인 에드가 사인Edgar H. Shein은 〈리더의 질문법〉에서 리더십은 단언telling이 아니라 겸손한 질문humble inquiry에서 나오는 것이라고 강조한다. 리더의 단언은 한방향의 소통으로 끝나고 추가적인 소통을 촉발시키지 않지만 질문은 양방향으로 추가적인 풍부한 소통을 촉발시킨다. 앞에서 살펴본 리더십의 실천적 정의를 '소통'이라고 했다. 리더들의 리더십 수준 판단은 결국 조직 내 얼마나 풍부한 소통을 만들어 내고 있는지의 여부이다. 원온원은 리더와 팀원 간 가장 활발한 소통이 일어날 수 있는 현실에서의 거의 유일한 공간으로 보인다. 원온원의 성공은 양방향 소통 활성화에 달려 있는 것인데 이 소통 활성화를 촉발해 내는 것은 바로 리더의 질문이다.

하지만 모든 질문이 풍부한 소통을 촉발하지는 않는다. 잘못을 캐는 듯한 심문형 질문, 리더의 생각에 순응을 요구하는 압박형 질문, 상대를 판단하려는 평가형 질문, 답변에 대한 호기심이 전혀 없는 형식적 질문 등은 질문의 형식을 취했지만 소통을 촉발시키는 것이 아니라 오히려 소통을 막아버리는 '오만한 질문'이다. 이런 유형의 질문은 이미 각종 업무 회의에서 상당히 일상

오만한 질문

심문형 질문

형식적 질문

압박형 질문

평가형 질문

적이어서 원온원에서도 이런 유형의 질문이 그대로 반복될 가능성이 적지 않다. 이런 질문으로는 원온원이 소통 활성화와 신뢰 관계 구축이라는 기대 효과를 얻어내기가 힘들어진다. 질문은 겸손한 질문이 되도록 해야 하는 것이다.

겸손한 질문이란 '상대방을 향한 호기심, 관심을 바탕으로 자신이 알지 못하는 것을 인정하고 상대방의 발언을 최대한 이끌어 내고자 하는' 질문, '지금 팀원으로부터 도움이 필요하다는 태도를 보이는' 질문, 그리고 '상대방을 논쟁으로 굴복시키는 것이 아니라 공유된 맥락에 대해 공감대가 형성되도록 하는' 질문이다.

원온원에서 심리적 안전감 확보의 중요성은 여러 번 강조하였다. 팀원들은 리더의 질문 태도와 내용에서 심리적 안전감의 가능성을 미리 가늠할 수 있게 된다. 겸손한 질문은 바로 심리적 안전감을 만들어 내는 질문 태도이다. 리더는 원온원에서 자신의 질문이 혹시 겸손한 질문이 아니라 오만한 질문에 가깝지는 않은지 항상 주의를 기울일 필요가 있다.

풍부한 질문 리스트

원온원에서 팀원들이 자발적으로 이야기를 계속 이어가기는 쉽지 않다. 그러므로 원온원의 시작은 물론 진행 역시 리더의 질문으로 이어져야 한다. 원온원에서 대화가 끊긴다는 것은 리더의 질문이 끊긴다는 것과 같은 이야기이다. 그렇기 때문에 원온원을 할 때 리더는 질문 리스트를 풍부하게 만들어 두는 것이 좋다. 원온원의 일반적 질문 순서는 다음과 같다.

취미, 주말 휴식, 가족, 건강, 날씨 등에 관한 가벼운 질문으로 시작한다
- 주말은 어떻게 보냈어요? ○○○(자녀 이름)는 잘 지내고 있나요?

지난주 업무 상황에 대한 질문
- 지난주 가장 중점을 둔 일들은 무엇이었나요?

지난주 가장 좋았던 점과 어려웠던 점에 대한 질문
- 지난주 업무 과정에서 잘된 점이나 좋았던 점이 무엇일까요?
- 지난주 업무 과정에서 어려웠던 점이나 막혀 있는 애로점은 무엇일까요?

지원 사항에 대한 질문
- 도와줘야 할 사항은 무엇인가요?
- 피드백이 필요한 부분은 무엇일까요?

지난주 미팅 시 실천 아이템 실행 상호 확인

- 지난주 미팅 때 나온 실천 아이템으로 ○○○가 있었죠?

  진행은 어떻게 되고 있나요?

일하면서 얻은 정보나 느낀 점 공유 사항에 대한 질문 학습 사항

- 지난주에 업무를 하면서 새롭게 알게 된 정보나 레슨 중

  공유하고 싶은 사항은 무엇일까요?

개인의 행복도 질문

- 요즘 개인의 행복 수준은 어때요? 그런 행복 수준의 특별한 이유는

  무엇일까요?

- 요즘 가장 신나게 만드는 것은 무엇인가요?

- 요즘 가장 힘 빠지게 만드는 것은 무엇인가요?

Follow up 질문

- 저와 좀 더 이야기해 보고 싶은 부분은 없을까요?

리더의 피드백 요청 질문

- 요즘 팀 문화나 업무 추진에서 혹시 개선되었으면 하는 것은

  무엇일까요?

- 요즘 제 리더십 부분에서 어떤 개선이 좀 더 필요할까요?

추가적인 유용한 질문들 예시들

- 지난주 최대 관심사는 무엇이었나요?

- 지난 미팅에서 ○○가 어려운 점이라고 했는데 어떻게 진행되고

있나요?

- 이 업무를 잘 해내기 위해 나의 어떤 지원을 더 필요로 하나요?

- 피드백을 더 원하는 부분은 무엇인가요?

- 어떤 일을 더 맡고 싶은가요?

- 업무 개선과 관련해서 제안하고 싶은 아이디어는 어떤 것이 있나요?

- 다음 미팅 때까지 저에게 바라는 점이 있나요?

- 팀 업무 환경에서 개선할 만한 아이디어는 무엇인가요?

- 팀원들 간 협업이나 관계에서 어려운 점은 무엇인가요?

- 오늘 원온원에서 도움이 된 것은 무엇인가요?

리더십 인사이트

피드백의 딜레마

"리더라면 팀원에게 싫은 이야기도 할 수 있어야 한다." 리더의 피드백 중요성을 강조한 이야기로 자주 들어왔던 이야기이다. 나는 과거 전사 팀장이 모인 워크숍에서 팀장들에게 상사의 피드백 경험이 유용했는지에 대해 질문해 본 적이 있다. "상사가 자신의 문제점을 피드백 해주었을 때 느낌이 어땠나요?, 소중한 피드백을 해준 상사가 고마웠나요? 피드백을 참고하여 단점을 잘 고쳐 가야겠다 라는 생각이 들었나요?"

대부분의 대답은 "아니요"였다. 그들은 피드백을 받은 후의 느낌에 대해 "억울하고 답답한 느낌" "나를 몰라주는 데 대한 섭섭한 느낌" "나를 낮게 평가를 한다는 불안감" 등의 부정적인 답변이 대부분이었다. 피드백의 건설적 기능의 믿음과는 배치되는 현실을 확인할 수 있는 반응들이었다.

〈피드백이 멍들게 하다〉라는 하버드 비즈니스 리뷰의 기사(2019.3-4)는 피드백에 대해 팀장들이 느꼈던 느낌이 진실에 가깝다는 통찰을 잘 보여 준다. 상사의 피드백은 상사의 주관적 평가여서 객관성과 정확성에서 평가 오류의 가능성이 높다는 점, 그리고 부정적 피드백에 대해서는 그들의 뇌를 투쟁-도망fight or flight 모드로 전환시켜 오히려 피드백이 의도한 학습과 변화를 막아버린다는 것이다.

사실 상사도 피드백을 할지 말지에 대한 고민이 많다. 그래도 용기를 내어 도움을 주려고 피드백을 하는 것인데, 상사의 의도와는 달리 오히려 팀원의 마음을 멍들게만 한다면, 피드백에 대해서는 다시 생각하지 않을 수 없게 된다.

피드백을 할 수도 안 할 수도 없는 이른바 '피드백의 딜레마'인 것이다. 이를 벗어날 수 있는 유일한 방법은 원온원이다. 매주 혹은 격주로 만나 소통하는 원온원을 통해 상사는 충분히 팀원을 이해하는 시간을 가지고, 두 사람 간 신뢰가 구축되면 심리적 안전감이 커지게 된다. 팀원들 역시 편도체 활성화 없이 피드백을 받아들일 가능성도 높아진다. 정기적 원온원이 없는 피드백은 앞선 팀장들의 답변처럼 실패하는 피드백이 될 가능성이 높다. 팀원 입장에서는 팀장이 자신을 충분히 이해하지 못하면서 하는 피드백은 정확치 않다고 생각하여 수용도가 저하되기 때문이다.

잘못 운용되는 원온원

원온원을 한다고 해서, 무조건 리더십이 발휘되고 좋은 성과
가 창출되는 것은 아니다. 원온원이 취지에 맞게 잘 운영되어야
효과도 발생하게 되는 것이다. 잘못 운용되는 원온원은 팀원들
에게 고문의 시간이 될 수도 있고 팀장에게도 시간 낭비가 될 수
도 있다.

1) 프로젝트 보고의 시간으로 활용

원온원을 업무 보고나 프로젝트 보고용 미팅으로 생각하면 안
된다. 통상 업무 보고 시간은 사무적이고 피상적 논의로 끝나는
시간이다. 원온원에서는 두 사람 간의 보다 깊은 대화가 필요한
토픽을 논의하는 시간으로 활용하는 것이 좋다. 이를 위해 단순
한 업무 진행 상황 보고는 시간 제한을 미리 해두고 운영하는 것
도 하나의 방법이다. 가령 업무 진행 상황 보고는 2~3분 내로 간
략히 끝내야 한다는 원칙을 두는 것도 좋으며, 프로젝트 보고는
원온원이 아닌 별도의 시간을 잡도록 해야 한다.

컨설턴트 마크 랍킨Mark Rabkin은 좋은 원온원이 되기 위한 조건
으로 '어색한ackward 원온원'이라는 개념을 제시했다. 랍킨은 남
들이 들어도 무관한 내용은 다른 미팅에서 다루고 원온원에서는

남들이 있으면 불편하고 꺼내기도 어색한 내용을 주로 다루는 것이 좋다고 조언한다.

"원온원은 개인별로 시간을 투여해야 하는 미팅으로 효율적 미팅은 절대 아니다. 원온원에서는 다른 소통의 채널 즉 메일이나 팀 위클리, 업무 회의 등에서는 다룰 수 없는 내용을 집중적으로 논의해야 한다. 업무 상황 보고, 쉬운 질문, 쉬운 대답 등은 남이 들어도 전혀 관계가 없는 것들은 다른 효율적 소통 채널로 커버해야 한다. 이런 의미에서 원온원은 어색할 수 있는 이야기들이 오가야 한다. 고민, 제안, 자신의 약한 모습 드러내기 등 이런 것들은 다른 미팅에서는 이야기할 수 없는 어색한 것들이다. 원온원은 이런 어색함을 기꺼이 품어내는 미팅이 되어야 한다."

마크 랍킨, 〈The art of awkward 1:1〉 칼럼 요약

2) 사후 회의록 없는 미팅

사후 회의록이 없으면 지난번 미팅과 다음 미팅의 연계성뿐 아니라 미팅의 효율성과 효과성도 저하된다. "지난번 우리 무슨 이야기했더라?" "우리 어떤 실천 아이템 있지 않았나?"라는 식으로 다시 지난번 미팅을 회상해야 하거나, 회상이 제대로 되지 않고 넘어가 버리는 경우가 많아진다. 미팅 내용이 휘발되어 버리거나 발전되지 않는 것이다. 또한 일 년이 지난 시점에서 리뷰

해 볼 수 있는 기록을 가지고 있느냐 아니냐는 평가 차원에서나 학습 차원에서나 큰 차이가 있게 된다.

3) 리더가 지배하는 미팅

리더의 발언 점유율이 높은 미팅은 잘못 진행되는 원온원이다. 원온원이 두 사람 간 솔직한 대화이므로 당연히 리더와 팀원의 논쟁debate까지도 허용된다. 그런데 이 논쟁의 승리자는 대부분 리더가 되기 쉽다. 리더는 한 수 가르쳤다고 생각하지만 팀원은 대화의 패배자가 되어 리더로부터 배웠다는 생각보다 기울어진 운동장 대화라는 한계에 대한 쓸쓸한 느낌을 받게 된다. 위너winner와 루저loser를 만드는 대화는 오히려 팀원들의 기를 꺾는 대화다. 리더와 팀원 모두 위너의 느낌이 들 수 있는 대화가 되어야 한다. 리더가 지배하는 대화가 아니라 서로에게 배우고 보완하는 대화가 되어야 하는 이유다.

4) 업무(성과 대화)만 이야기하는 미팅

성과 대화가 원온원 대화의 중심인 것은 분명하다. 하지만 업무만 이야기하는 원온원에서는 두 사람의 정서적 교감이 오고가기가 어렵다. 팀원의 입장에서는 원온원이 타이트한 업무 체크 시간으로만 이용된다고 생각하게 되고, 팀원을 위한 시간이 아니라 리더를 위한 시간으로 원온원이 불편하기 시작한다. 성장 대화와 행복 대화로 통해 만들어지는 정서적 공감을 바탕으로 업무에서도 'I want to do'의 열정이 만들어지는 것이다.

5) 자주 취소되는 미팅

팀장의 일정으로 인해 미팅이 자주 취소된다면 벌써 팀원은 마음 한켠에 팀장과 원온원의 진정성에 대한 불신이 싹트게 된다. 미팅이 불가피하게 취소되었을 때는 그 다음 미팅의 운영 시간을 좀 더 길게 해서 취소된 미팅을 충분히 보완시켜 주는 것이 좋다.

6) 빨리 결론을 내려는 미팅

업무 미팅의 원칙은 항상 빨리 결론을 내고 실행하는 효율성이었다. 원온원에서도 이런 미팅 방식을 드라이브하기 쉽다. 리더들은 오랫동안 효율에 관한 대가들이다. "그런 이야기는 됐고, 그래서 결론이 뭐지?" 항상 이런 말투가 붙는다. 원온원에서는 서로의 이해와 공감이 우선이다. 결론이 어려우면 다음 미팅에서 한번 더 이야기하는 여유가 있어야 한다.

7) 시간 압박감을 받는 미팅

30분의 미팅은 금방 지나간다. 그래서 가끔 시계를 계속 보면서 시간 압박감을 느끼며 미팅을 운영하기 쉽다. "시간이 다 되어 가네. 빨리빨리 이야기하자"와 같은 언급이 잦게 되면 팀원의 스픽업이 어려워진다. 시간 운영에 대해서는 좀더 유연해질 필요가 있다. 더 짧아지기도 하고 더 길어지기도 하는 유연한 운영을 하는 게 좋다.

8) 실천 아이템이 없는 미팅

원온원이 매번 대화로만 끝나 버리면 미팅의 효과에 대한 의문이 들 수 있다. 기업은 많은 말의 향연보다 하나의 실천을 중요하게 생각한다. 두 사람 간의 대화는 가급적 실천 아이템으로 연계시키는 것이 중요하다. 실천 아이템이라 해서 어렵고 힘들 필요는 없다. 작고 간단한 것이라도 뭔가 실천 아이템을 찾아내려는 방향성이 중요하다.

9) 질문이 아닌 심문이 되는 미팅

원온원은 팀원이 가진 문제의 해결을 돕고자 하는 미팅이다. 팀원의 어려움을 이해하고 지원책을 찾고, 아울러 해결책을 탐색하는 미팅이다. 그런데 이런 목적을 위한 질문이 아니라 팀원의 문제를 심문하듯이 질문하는 미팅으로 흐르면 팀원들의 편도체가 다시 활성화되는 미팅으로 바뀌게 된다.

원온원에서 팀장이 제공해야 하는 것

리더십 정의는 '소통을 통한 변화 영향력'이다. 원온원의 효과와 그 목적을 토대로 보더라도 원온원은 소통 채널에서 가장 질 높은 채널이다. 주어진 시간 동안 온전히 서로에게 집중된 소통이 일어날 수 있기 때문이다. 이런 점에서 원온원은 리더십을 발휘할 수 있는 강력한 도구로 활용이 가능하다. 리더십 발휘의 도구라는 점에서 팀원보다는 리더를 위한 미팅처럼 생각하기 쉽다. 하지만 원온원의 실제는 '팀원을 위한 시간'이다. 리더는 이 점을 간과하지 않고, 팀원이 자신의 문제를 해결하기 위한 미팅이 될 수 있도록 팀원에게 두 가지를 제공해야 한다.

첫째, 심리적 안전감

팀원의 시간인 만큼 팀원이 자신의 이슈를 얼마나 솔직하게 말하는지에 따라 미팅의 성과가 좌우된다. 이는 리더가 팀원에게 얼마나 심리적 안전감을 잘 만들어 주는가에 달려 있다. 미팅을 진행하는 내내 팀원에게 압박감과 불안감을 주고 있지 않는지 계속 신경을 써야 하는 이유다. 간혹 질문이 심문의 느낌으로 이루어진다면 팀원의 불안감은 커질 수밖에 없다. 압박 질문이나 유도 질문 등은 질문의 탈을 썼지만 팀원들의 편도체를 활성화시켜 솔직한 대화를 근본적으로 차단시킨다. 따라서 고압적 질문이 아니라 반드시 '겸손한 질문'을 던져야 한다. 선입견과 편견에서 벗어나 진정으로 상대를 알고 싶어 하는 관심과 호기심을 보여주는 질문을 해야 하며, 조심스러움과 자신의 낮춤의 태도를 보여 주어야 한다.[*]

리더가 자신의 낮춤을 보여주는 효과적 방법 중 하나는 약한 모습vulnerability을 먼저 보여주는 것이다. 약한 모습을 보인다는 것은 자신의 부족함, 한계, 실수 등을 솔직하게 이야기하고, 팀원에게 적극적으로 도움을 요청하는 것이다. 개인적 고민이나 에피소드를 먼저 공유하는 것도 리더의 솔직한 자아 모습을 보여주는 좋은 방법이다. 완벽해야 한다는 리더의 이미지가 아닌, 부족함이 있을 수밖에 없는 인간적 모습을 솔직하게 먼저 보여줌으로써 팀원들과 정서적 차원에서 연결이 이루어지고, 팀원들도 자신의 약한 모습을 보이는 것에 대해 심리적 안전감을 가질 수 있게 된다. 하지만 공개된 장소에서 리더가 약한 모습을 보여주는 것은 말처럼 쉽지 않다. 가장 부담을 적게 느끼면서 리더의 솔직한 모습을 보여줄 수 있는 곳이 바로 리더와 팀원 둘만이 함께하는 원온원이다.

• 에드거 샤인·피터 샤인, 노승영 역, 〈리더의 질문법〉, 심심, 2022 참조.

약한 모습 보여주기 예*	- 모르면 모른다고 하기
	- 실수하면 실수라고 인정하기
	- 확신이 없으면 없다고 말하기
	- 팀원에게 도움 요청하기
	- 개인적 이야기 공유하기

둘째, 미팅의 실질 효익

성과 대화, 성장 대화, 행복 대화에서 팀원의 성과 도출과 역량 성장, 행복도에서 개선이 이루어질 수 있는 실마리를 제공하여, 팀원이 무언가를 얻어 갈 수 있도록 해야 한다. 어려운 업무 진행과 관련하여 코칭이나 피드백을 제공할 수도 있고, 문제 해결에 대한 지원을 제공할 수도 있다. 또한 성과에 대해 칭찬과 인정을 제공할 수도 있다. 원온원을 마칠 때 오늘 미팅이 팀원에게 어떤 실질적 도움이 되었는지 리더 스스로 질문하고 답을 해 보는 것도 좋은 방법이다. 또한 미팅의 실질 효익에 대해 '오늘 원온원이 어떤 도움이 되었는지' 팀원에게 직접 질문해 볼 수도 있다.

---

* Timothy Clark, 'How a CEO can create a psychological safety in a room?', Harvard Business Review, 2023.5.

피드백 제공 시 주의사항

팀원에게 중요한 원온원 효익 중 하나는 피드백이다. 보통 피드백이라고 하면 단점에 대한 피드백을 머리에 더 떠올리게 되고 실제로도 단점에 대한 피드백이 더 도움이 될 거라고 생각한다. 하지만 현장 경험을 통한 나의 결론은 장점 중심의 피드백이 훨씬 좋다는 것이다.

단점에는 개선될 수 있는 단점과 개선하기 힘든 단점 두 가지가 있다. 개선할 수 있는 단점의 피드백은 당연히 좋은 피드백이다. 가령 습관적으로 지각을 하는 것에 대한 피드백은 마음가짐과 태도로 개선될 수 있는 단점이다. 명확하고 객관적 증거가 있는 것들로 쉽게 수용되고 개선될 수 있는 단점이다. 하지만 단점이 개인의 성격과 본원적 역량과 연결되어 있다면, 쉽게 고쳐지는 것은 어렵다.

가령 "당신은 대인 관계력은 좋은데 전략적 인사이트가 좀 아쉬워요. 전략적 인사이트를 좀 더 키웠으면 좋겠어요"라는 피드백을 한다고 해보자. 전략적 인사이트는 노력을 통해 쉽게 고쳐지지 않는다. 전략적 인사이트는 객관적 증거로 이야기하기도 쉽지 않아 수용도가 낮아지게 된다. 어떤 경우는 이미 자신은 그런 단점을 이미 알고 있기도 한데 개선이 잘 안 되는 부분이다. 이런 경우 이런 피드백은 좌절감만 줄 뿐이다.

모든 사람에게는 잘 하는 점과 아쉬운 점이 다 있다. 그리고 그 아쉬운 점은 피드백을 한다고 해서 쉽게 고쳐지는 것이 아니다. 고쳐지지 않기 때문에 아쉬운 점으로 계속 남는 것이다. 피드백의 가치는 사람을 단점 없는 완벽한 사람으로 만들려고 하는 데 있지 않다. 단점을 가진 상황에서도 팀원이 더 나은 역량과 태도를 발휘할 수 있는 전략을 가질 수 있도록 도와주는 데 있다. 이 때 더 좋은 전략은 고쳐지지 않는 아쉬운 점에 매달리기보다는 잘 하는 점을 더 활용하고 강화시키는 것이 중요하다. 장점은 날을 갈면 갈수록 더욱 날카로워질 수 있기 때문이다.

공감과 원온원

영웅적 리더십의 퇴조와 인간적 리더십 부상

우리는 오랜 시간 '나를 따르라'라는 영웅적 리더십을 표본으로 삼아왔다. 여전히 리더십을 학습하는 리더들의 마음 한 켠에는 영웅적 리더가 되고 싶다는 소망이 있을지 모르겠다. 하지만 우리는 앞서 성과의 본질이 전두엽 성과, 적응적 성과, 성과 책임accountability 성과로 변화되었음을 살펴보았다. 이 성과들은 영웅적 리더가 만들어 낼 수 있는 성과가 아닌 인간적 면모를 보여주는 리더가 창출해 낼 수 있는 성과이다.

리더십 전문가 오르텐스 르 장틸Hortense le Gentil도 다음과 같이 영웅 리더의 종말을 예견했다.

"이제 기업이 필요한 리더는 결점이 없고, 흔들리지 않으며, 통제력이 있으며 두려움이 없는 영웅 리더가 아니라 오히려 자신의 약점을 드러내고 사람과의 유대감을 쌓는 인간 리더라고 단언한다."•

영웅 리더십과 인간 리더십을 도표와 같이 구분해 보았다.

영웅 리더십의 특징들은 여전히 매력적으로 보일 수 있지만 이미 팀원들은 영웅 리더들의 조연이나 들러리가 되는 것을 꺼려하고 있다. 이들은 스스로 일을 주도하고 일의 주연이 되고 싶은 사람들이다.

• Hortense le Gentil, 'Leaders,Stop trying to be heros', Harvard Business Review. 2021.12.

리더가 모든 해결책을 줄 수 없는 VUCA 시대에 영웅적 리더십은 이제 유효 기간이 지나버렸다. 오히려 팀원들의 주도성과 오너십 발휘가 중요해지고, 현장의 빠른 대처를 위한 자율과 재량적 노력의 투입이 필요해졌다. 리더에게는 이런 팀원들의 주도성을 지원하기 위해 관심을 보이고, 공감하고, 코칭과 피드백을 해주는 리더십이 필요해진 것이다. 영웅적 리더십이 아니라 인간적 리더십 발휘의 시대가 된 것이다. 영웅 리더는 지시, 해결책 제시, 지도, 헌신 등을 리더십 수단으로 쓰지만 인간 리더는 대화, 코칭, 위양, 피드백 등을 리더십 수단으로 사용한다. 이러한 인간 리더십의 수단을 관통하는 리더십의 특징은 한마디로 공감력이다. 공감력이 있어야만 비로소 작동되는 리더십 수단들이다.

공감의 리더십이란

구글의 산소 프로젝트Project Oxygen에서 처음 찾아낸 뛰어난 팀장의 특징 8개 중 무려 7개가 소프트 스킬에 관한 것이다. 업무 지식과 같은 하드 스킬은 마지막 특징으로 간신히 그 이름을 올렸을 뿐이다. 우리가 익히 알던 직책자의 필요 조건들과는 사뭇 다른 결과이다. 지금도 많은 기업에서 팀장을 보임할 때 가장 첫 번째 보임 요건으로 해당 업무 전문성과 경험을 중시하고 있다. 하지만 구글의 산소 프로젝트는 리더의 하드 스킬의 중요성을 부정하지는 않았지만 소프트 스킬 7가지가 성과에 더 중요함을 이야기하고 있다. 이러한 소프트 스킬의 근간은 역시 공감력이다. 산소 프로젝트는 공감의 리더십이 성과를 가장 많이 낼 수 있는 리더십임을 실제 데이터로 보여준 것이다.

일반적으로 공감에는 3가지가 있다.

첫째, 논리적 공감이다. "당신이 무슨 이야기를 하는지 알겠다I know what you say"로, 외국어로 이야기하지 않는데도 상대가 내가 하는 말을 제대로 알아 듣지 못한다고 생각하는 경우가 많다. 상대가 자신의 논리로 화자의 논리를 밀쳐내기 때문이다. 상대의 이야기를 상대의 입장이 아닌 자신의 프레임으로 듣게 되면 논리적 공감이 어렵게 된다.

둘째, 정서적 공감이다. "당신이 어떤 느낌인지 알겠다I know how you feel"라는 것이다. 논리적 공감보다 한 단계 더 깊은 공감인데, 논리적 공감을 하더라도 정서적 공감까지 이어지지 않는 경우가 많다. "무슨 말을 하는지는 알겠지만 공감은 안 된다"라는 경우다.

셋째, 행동적 공감이다. "당신이 나에게 무엇을 기대하는지 알겠다I know what you want from me"라는 것이다. 공감의 가장 깊은 단계로 상대가 원하는 실행까지 이어질 수 있는 공감이다.

팀원들의 입장에서 리더의 공감은 참으로 절실한 이슈이다.

공감에서 가장 쉽고 얕은 단계로 보이는 논리적 공감조차도 현장에서 얻기가 쉽지 않은 상황에서 정서적 공감과 행동적 공감은 언감생심이라는 것이 많은 팀원들의 의견이다. 그런데 매일 전쟁을 치뤄야 하는 기업 현장의 상황을 생각하면 이런 상황이 이해되기도 한다. 공감은 오직 상대에 집중하고 경청할 때 가장 효과적으로 일어나게 된다. 분주히 돌아가는 업무 환경에서는 집중된 경청이나 공감을 하기가 쉽지 않기 때문이다. 기업 현장에서 행동적 공감까지 깊어질 수 있는 환경은 오직 원온원밖에 없어 보인다. 여러분은 원온원보다 공감이 더 잘 일어날 수 있는 다른 환경이 떠오르는가?

팀원이 리더의 공감을 얻는 것 이상으로 리더도 팀원의 공감을 이끌어 내는 것은 매우 중요하다. GE 잭 웰치Jack Welch 전 회장은 직원들에게 똑같은 이야기를 백 번을 해야 비로소 직원들이 알아듣는다고 했다. 겨우 논리적 공감의 이야기일 텐데 이것이 그렇게 힘들다면 행동적 공감까지 얻으려면 도대체 몇 번을 더 이야기해야 하는 것일까?

앞서 리더십을 변화 영향력이라고 정의했다. 팀원이 변화하도록 영향력을 미친다는 것은 팀원이 리더에 대해 행동적 공감 단계까지 도달하도록 영향력을 미친다는 의미이다. 이런 의미에서 보면 팀원이 리더에게 느끼는 공감의 단계가 곧 리더십 수준의 단계로 볼 수 있게 된다.

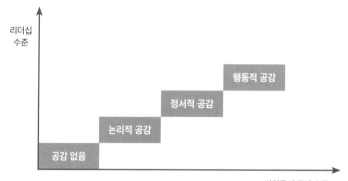

공감은 상호작용이다. 내가 상대의 행동적 공감까지 갔을 때 상대도 행동적 공감까지 올 가능성이 큰 것이다. 이런 점에서 리더가 자신의 리더십 수준을 높여가는 출발은 언제나 리더 자신이 팀원들에 대해 높은 수준의 공감을 보여주어야 한다. 하지만 현실의 바쁜 업무 현장에서는 깊은 소통도 어렵고 그로 인해 깊은 공감의 확보도 쉽지 않다. 이때 원온원은 팀장과 팀원의 깊은 소통과 공감을 만들어 내는 좋은 도구가 된다.

원온원에서 리더는 팀원들에 대한 행동적 공감 수준인 '팀원이 나에게 진짜 원하는 것이 무엇인지'를 알아내고자 하는 의도적 노력이 중요하다. 보통 공감이라고 하면 논리적 공감 혹은 한 단계 더 나아가더라도 정서적 공감 정도로도 충분한 공감을 했다고 생각할 수 있다. 하지만 한 단계 더 나아가 원온원을 할 때 팀원이 무언가를 기대한다는 점을 인식하여 행동적 공감까지 나아가도록 노력하는 것이 좋다. 단지 마음이 아니라 구체적 말이나 행동으로 공감을 보여주는 것이다.

공감의 작은 기술, 리액션

간혹 하게 되는 임원과 팀장 대상의 강의는 언제나 힘들다. 이들은 리액션이 거의 없기 때문에 나는 마치 벽에 대고 떠들고 있는 듯한 느낌마저 갖곤 한다. 이런 힘든 상황에서 저 구석에서 누군가 한 사람이 고개를 끄떡여 주는 작은 공감의 리액션을 보내주어도 강사는 천군만마의 지원군을 얻는 느낌을 갖게 된다. 사그라져가는 강의 열정도 되살아나게 된다. 이것이 바로 리액션이 주는 힘이다. 리액션은 행동으로 보여주는 공감인 것이다.

리액션의 역할을 잘 확인할 수 있는 곳은 TV쇼다. 참가자의 리액션 정도에 따라 TV쇼의 흥미와 에너지가 확 달라진다. 회사 조직에서도 마찬가지다. 팀원들은 리더들에게 얼마나 리액션을 보여주는가? 리액션을 받았을 때 리더의 느낌은 어떠했나? 사실 리액션을 더 기다리는 사람은 리더보다 팀원들이다. 팀원들의 말과 행동에 리더가 보여주는 리액션은 그들에게 엄청난 큰 힘이 된다.

원온원에서 리더가 보여주는 작은 리액션들은 원온원을 공감이 훨씬 풍부한 미팅으로 만들어 준다. 공감은 혼자만의 생각으로 머물지 말고 작은 행동의 리액션으로 상대에게 전달되도록 해야 한다. 고개를 끄덕이는 행동, 감탄사를 던지는 행동, 박수를 치는 행동, 상대 이야기를 메모하는 행동, 추가 질문을 하는 행동 모두 원온원 대화의 공감을 높여주는 리액션이다. 그러고 보니 '리더십은 리액션이다'라는 새로운 정의를 내리고 싶어진다.

성과 관리와 원온원

성과 평가 중심에서 성과 대화 중심으로

2012년, 어도비Adobe는 상대 성과평가 방식을 체크인Check in이라고 부르는 지속적 대화 방식으로의 변화를 선언했다. 연 1회 상대평가 점수 부여와 피드백에만 집중하는 성과 관리 방식에서 지속적인 대화를 통해 성과 창출 과정을 함께 논의하는 성과 관리 방식이었다. 사후적 평가 중심이 아니라 사전적인 성과 대화를 통해 리더가 팀원의 성과 창출의 파트너로 함께 성과를 만들어가는 성과 창출 중심으로 바뀌게 된 것이다.

이 변화는 기업들에게 큰 반향을 불러일으켰다. 그때까지만 해도 상대평가를 기반으로 한 연 1회 성과 평가가 성과 관리의 룰로 인식되고 있었기 때문이다. 이후 기업들 사이에 조금씩 나타나기 시작한 성과 관리 시스템의 변화는 2016년 GE가 평가 방식을 변화시키면서 더욱 가속화되었다. GE는 어떤 회사인가? 바로 스택 랭킹stack ranking이라는 상대평가 방식을 전 세계로 유행시켰던 장본인이다. 그런 GE가 자신들의 스택 랭킹 평가 방식을 버리고 지속적 대화 방식으로 성과 관리 방식을 변화시켰던 것이다. 지금은 글로벌 컴퍼니들의 대부분에서 '지속적 성과 대화 방식'이 성과 관리 제도의 사실상의 표준de facto standard으로 자리 잡았다.

일 년의 성과가 거의 끝난 시점에 받는 성과 피드백은 성과 향상에 전혀 도움이 되지 않는다. 성과 향상에 도움이 되기 위한 코칭과 피드백은 사전적이고 즉각적이어야 한다. 이런 코칭과 피드백을 잘 하기 위해서 리더는 팀원 한 사람, 한 사람의 개별적 역량과 진행하는 일에 대해 충분한 이해가 있어야 하고, 팀원도 리더가 자신에 대해 충분히 이해하고 있다는 확신이 있을 때 리더의 코칭과 피드백에 대한 수용도가 올라가게 된다.

구글의 산소 프로젝트는 구글 내에서 가장 성과가 높은 팀장의 비밀이 좋은 코치good coach라는 것을 알아내었고, 좋은 코치란 팀원들과 정기적 원온원을 잘 하는 팀장이었다. 원온원을 잘 하는 팀장이 가장 높은 성과를 내는 팀장이라는 구글의 결론은 피상적으로 보면 잘 이해가 되지 않을 수 있다. 하지만 원온원을 잘 하는 팀장은 그만큼 성과 대화를 많이 하는 팀장이라는 것이고 그 결과 팀원이 높은 성과를 낸다는 것은 너무나 당연한 결론이라 할 수 있다.

상시 성과 관리 시스템을 도입하는 국내 기업들

요즘 우리 기업들도 상대 평가 제도를 폐지하고 절대 평가나 등급 평가를 아예 하지 않는 등급 미부여no rating 방식으로 상시 성과 관리 제도를 서둘러 도입하고 있다. 하지만 현장의 팀원들 입장에서는 상대평가를 폐지한 것 이 외에는 실제로 달라진 게 거의 없다는 인식이다.

상시 성과 관리 제도의 핵심은 상대 평가의 폐지가 아니라 리더와 팀원 간 성과 대화의 일상화이다. 원온원이 상시 성과 제도의 중심에 위치하고 있는 것이다. 그래야 사전적으로 리더의 성과 코칭과 성과 장애물roadblock 발견과 해소가 가능하게 된다. 정기적 원온원이 일상화되지 않은 채 이루어지는 상시 성과 관리 시스템의 도입은 팀원들 입장에서는 상대적 평가방식이 없어지는 것 말고는 달라지는 것이 하나도 없다고 생각할 수밖에 없다.

어떤 회사는 상시 성과 관리를 운영하면서 원온원의 필요성을 이야기하고 있기도 한다. 하지만 일 년에 한두 번 정도 하는 원온원을 분기에 한 번씩 하도록 늘리는 정도다. 일 년에 한 번 하는 평가를 네 번에 나누는 것이 상시 성과 관리가 아니다. 즉각적으로 성과의 문제를 찾아내고 해결책과 지원책을 논의하여 더 높은 성과를 창출해 나가는 것이 이 제도의 취지이다.

의미 있는 성과 대화가 되기 위해 필요한 목표 관리 변화

1) 성과를 좌우하는 목표 설정 대화

목표가 자랑스러우면 성과도 자랑스러울 가능성이 매우 높다. 이렇듯 성과는 목표 설정 단계에서 거의 결정된다는 것은 나의 경험적 확신이다. 회사 조직이라는 시스템은 목표가 한 번 설정되면 어떻게 해서라도 그 목표에 가까운 결과가 나올 수 있도록 작동하게 된다. 이런 점에서 성과 대화에서 중요한 대화가 바로 목표 설정 대화라 할 수 있다. 하지만 일반적으로 목표에 대해 그렇게 시간을 들여가며 대화하는 경우는 많지 않은 듯하다. 목표 설정이 얼마나 성과에 지대한 영향을 미치는지 간과하기 때문이고, 원온원의 성과 대화 같은 대화 툴이 아예 존재하지 않기 때문이다.

2) 목표 기간의 단기화

일반적으로 개인 팀원들도 조직의 KPI에 맞추어 연 단위 KPI 체계를 수립하는 경우가 많다. 개인들이 연 단위 KPI 목표를 가지고 매주 혹은 격주로 하는 성과 대화를 하면 원온원의 의미가 약해질 수밖에 없다. 연 단위 목표에 대한 주 단위의 성과 진척도는 미미할 수밖에 없어 자연히 성과 진척에 관한 논의 과정이 느슨해지기 쉽다.

성과 진척 관리가 의미를 가지기 위해서는 팀원들의 목표를 분기 혹은 그보다 짧은 기간의 프로젝트 목표로 바꾸는 것이 좋다. 성과 관리를 단기로 바꾸면 일의 진척도 변화가 보다 뚜렷해지고, 팀원들의 목표 달성에 대한 창조적 긴장감creative tension을 잘 유지할 수 있게 해준다. 이렇게 목표 달성이 좀 더 긴박해지면 팀원들도 원온원에서 리더의 코칭과 지원의 필요성을 더욱 느끼게 된다.

2) 스트레스stress 타겟이 아닌 프라이드 타겟pride target

팀원의 업무 주도성은 목표 설정 시에도 발휘되어야 한다. 그래서 목표 부여가 아니라 목표 설정이다. 목표 설정은 리더가 성과 대화에서 코칭으로 도와주어야 하는 아주 중요한 부분이 된다. 시작이 반이라는 것처럼 사실 목표 설정이 성과 창출의 반 이상이다. 목표 설정 시 목표치를 한층 올린 스트레치stretch 타겟을 많이 이야기한다. 목표를 높이면 그만큼 성과가 높아질 가능성이 커지기 때문이다.

그런데 지금 이루어지는 스트레치 타겟은 팀원이 설정하는 형식을 취하더라도 실제로는 매니저들이 요구하는 목표 부여에 가깝다. 목표를 좀 더 올리라고 요구된 스트레치 타겟은 어쩔 수 없이 해야 한다는 'I have to do'의 타겟으로 걱정과 근심만 늘리는 스트레스 타겟으로 인식된다. 목표를 달성해도 자랑스럽고

자부심의 목표 달성이 아니라 목표 미달의 불이익에서 간신히 벗어날 수 있게 되었다는 안도감의 목표 달성이다. 이 스트레치 타겟 요구에 대한 팀원들의 대응도 만만치 않다. '목표 설정 엔지니어링'이라는 기법을 작동시키는 것이다. 목표 설정 엔지니어링이란 실제로는 달성이 그렇게 어렵지 않지만 높은 스트레치처럼 보이도록 하는 기법을 말하는데 목표 달성율로 평가되는 성과 관리 제도 하에서 높은 평가를 획득할 수 있는 현장의 비법이 된 지 오래다.

팀원들이 주도적으로 목표 설정을 할 때에는 스트레치 타겟이 스트레스 타겟보다 프라이드 타겟이 되도록 해야 한다. 이 프라이드 타겟은 팀원 스스로가 설레는 목표이고 'I want to do'의 타겟이다. 성과 의미에 자부심을 느끼고, '나'를 타인과 차별화하는 목표이다. 피하고 싶은 목표가 아니라 정말 다가가고 싶은 목표이다. 이런 목표이기 때문에 팀원 스스로의 재량적 노력이 각별해진다. 스트레스 타겟을 프라이드 타겟으로 변화시키는 것은 바로 원온원 성과 대화의 목표 설정 대화이다. 프라이드 타겟은 성과 대화에서 목표 수준 의미에 대해 충분한 대화가 오가면서 만들어지는 것이다.

3) 성과 대화에서 프라이드 목표 설정의 사례

직접 옆에서 지켜본 프라이드 타겟 설정의 경험 하나를 공유한다. 반도체 회사에서는 신입사원들에 대해 반도체의 구조를 잘 이해할 수 있는 기술 교육을 실시한다. 반도체가 나노공정으로 만들어지는 미세한 제품이라 육안으로는 구조를 확인할 수 없다. 하지만 반도체 구조의 이해는 엔지니어들에게 너무나 필수적이다. 다음은 이 교육 준비에 관한 팀장과 교육 담당자 간성과 대화이다.

팀장   올해 반도체 구조 교육은 어떤 식으로 준비하고 있나요?

담당자   반도체 영상 교육 자료를 3D VR 컨텐츠로 만들고 싶습니다. 완전히 입체적으로 보여줄 수 있어 신입사원들의 이해에 큰 도움이 될 것 같습니다.

팀장   VR콘텐츠라. 반도체 구조 교육이 참 힘든데 3D로 보여줄 수 있다면 정말 좋겠네요. 정말 좋은 아이디어인 것 같네요.

담당자   반도체 구조의 이해만큼 VR 컨텐츠가 적합한 것은 없을 것 같구요. 아마 이 컨텐츠로 교육받고 신입사원들이 현장에 배치되면 현장에서도 신입사원들의 이해 수준에 깜짝 놀랄 수 있을 것 같아요.

팀장   그런데 우리가 그걸 만들 수 있을까요? 전문가도 없는데. 교육 컨텐츠가 대외비라 외부에 맡기기도 어려운데.

담당자   혹시 단기 계약직으로 전문가 한 명만 채용할 수 있도록 해준다면 큰 비용 들이지 않고도 할 수 있을 것 같습니다. 그 전문가도 다른 3D 교육 컨텐츠를 만드는 데 지속적으로 활용할 수도 있을 것 같구요.

팀장 신입사원 교육이 얼마 남지 않았는데 그때까지 일정이 좀 타이트할 수도 있겠네요. 이번 신입사원은 예전보다 세 배의 숫자가 입사할 것 같은데 시간만 맞추어 만든다면 교육 파급 효과는 훨씬 클 것 같네요.

담당자 교육 효과가 세 배라는 이야기네요. VR컨텐츠는 처음 시도해보는 거라 긴장도 되지만 전문가 도움을 받아 시간 내로 한번 만들어 보겠습니다. 혁신적 컨텐츠가 될 것 같아서 이 프로젝트는 꼭 성공시키고 싶습니다.

팀장 의미 있는 프로젝트라 전문가 채용은 본부장님께 부탁할 수 있을 것 같네요. 한번 성공시켜 봅시다.

위의 사례에서 교육 담당자에게 VR컨텐츠 기한 내 완성은 어려운 스트레치 타겟이지만 피하고 싶은 스트레스 타겟이 아니라 정말 이루고 싶은 프라이드 타겟이었다. 이 목표 달성이라는 것만 생각해도 가슴이 설레고, '나'였기에 해낼 수 있는 성과라는 자부심을 가질 수 있고 'I have to'가 아닌 'I want to'의 목표였던 것이다.

전통적 성과 관리와 원온원 성과 대화의 특징적 차이를 다음

도표로 정리해 보았다.

	전통적 성과 관리	원온원 성과 대화
목표 달성 의미	목표 미달을 피한 안도감	자부심, 자랑하고픈 성과
목표 설정 방법	위에서 스트레치 타겟 요구, 목표 설정 엔지니어링으로 대응	성과 대화를 통한 의미 있는 목표 탐색
목표 의미	피하고 싶은 스트레스 타겟	이루어내고 싶은 프라이드 타겟
목표 기간	연 단위 목표	분기 이하 프로젝트 목표
성과 평가	목표 대비 달성율	성과 결과의 의미 (성과 가치, 차별성, 재량적 노력 투입 등)로 평가
리더 역할	냉정하고 공정한 평가자	팀원의 성과 창출의 공동 파트너
성과	미디오커 성과 (누구나 창출할 수 있는 성과)	프라이드 성과 (자랑하고픈 성과)

스트레스의 두 종류
유스트레스eustress와 디스트레스distress

스트레스는 두 가지로 나뉘는데, 바로 유스트레스와 디스트레스이다. 유스트레스는 긍정적 스트레스로 도전감, 설레임, 성취감 등과 연계되는 기분 좋은 긴장감이다. 이에 반해 디스트레스는 두려움, 걱정, 무력감과 같은 부정적 스트레스를 말한다. 유스트레스는 성과와 성장, 행복감에 긍정적으로 영향을 미치는 반면 디스트레스는 성과와 성장, 행복감에 부정적 영향을 미친다.

디스트레스는 편도체를 활성화시키는 스트레스다. 하지만 유스트레스는 편도체를 활성화시키지 않는다. 오히려 전두엽의 활성화에 더 가깝다.

성과 대화가 없는 스트레치 타겟stretch target 부여는 디스트레스를 유발할 가능성이 크다. 반면 원온원 성과 대화를 통한 프라이드 타겟pride target 설정은 유스트레스를 유발한다.

같은 일이라도 누가 시킨 것을 하면 디스트레스가 되고, 스스로 찾아서 하면 유스트레스가 되기도 하듯이 동일한 목표 설정도 원온원의 성과 대화에 따라 유스트레스가 될 수도 있고 디스트레스가 될 수도 있다. 원온원의 성과 대화는 업무의 높은 수준 유지를 디스트레스가 아닌 유스트레스로 받아들이게 한다. 팀원들의 주도성, 오너십, 유능감 등을 자극하고, 심리적 안전감까지 조성되기 때문이다.

행복 경영과 원온원

행복 경영은 단지 듣기 좋은 경영 구호일까? 최근 새로운 화두가 되고 있는 행복 경영을 피상적으로 바라보는 사람들은 또 하나의 레토릭rhetoric(듣기 좋은 말) 용어로 생각하기 쉽다. 사실 행복이라는 단어와 경영이라는 단어의 조합은 무척 불편하게 느껴진다.

회사에서 일한다는 것은 자신의 행복을 희생해서 그 대가로 급여를 받고, 행복은 회사의 바깥에서 추구하는 것이라는 인식이 강하다. 그런데 회사에서 직원들의 행복을 추구한다고 하니 어색하기 짝이 없고, 뭔가 사탕발림의 용어로 생각하기 쉽다.

회사 목표는 성과 창출이라는 것이 명확한데, 성과보다 행복을 추구한다는 것이 진실된 회사의 목표로 이해되지 않는 것이다. 그러나 VUCA 시대에는 성과의 본질이 달라졌음을 앞에서 논의한 바 있다. 두려움, 불안감, 경쟁 압박감 등이 만들어 내는 편도체 성과가 아니라 자존감, 신뢰, 감사, 안전감, 관계감 등과 같은 긍정적 정서가 만들어 내는 전두엽 성과가 성과의 본질이 되었다.

정서적 혹은 경제적 압박감이라는 간접적 동기가 아니라 자율감, 관계감, 성장감 같은 직접적 동기만이 만들어 낼 수 있는 적응적 성과가 성과의 본질이 되었다. 행복 경영은 바로 전두엽을 활성화하고 직접적 동기를 활성화하는 경영으로 차별적 성과를 위해서 기업의 선택이 아니라 반드시 해야 하는 경영 방식이 된 것이다.

원온원은 행복 경영을 실천하는 가장 확실한 방법

회사에서 직원들의 행복을 높이는 많은 방법들이 논의되고 실천되고 있다. 일과 라이프의 균형, 직원 복지 강화, 교육 프로그램 강화 등 많은 노력들이 이루어지고 있다. 이런 부분도 중요하지만 직장 행복의 가장 본질적 부분은 내가 속한 조직에서 나의 의견이 충분히 경청되고, 조직 부속품이 아닌 주체적 인간으로 존중을 받고, 나의 기여 가치에 대해 충분히 인정받는 것이다. 그런데 실상은 어떠한가? 행복 경영의 구호는 늘어나고 있지만 회사 생활은 여전히 외롭고 힘드는 것으로 인식되고 이해 경청, 존중, 인정의 충족감은 거의 느낄 수 없다.

평소에 잘 알고 있던 타 조직 팀장 한 명이 나를 찾아와 고민을 털어 놓았다. 회사 생활이 무척 힘들어졌다는 것이다. 예전에 상사가 자신에게 보였던 신뢰와 인정을 어느 순간부터는 더 이상 보이지 않고 있다는 것이다. 자신이 뭘 잘못했는지 모르겠는데 이런 상황이 너무나 힘들다고 답답한 마음을 하소연하는 것이었다. 혹시 인정 중독에 빠져 있는 건 아닌지 하는 생각이 들 수도 있었지만 이런 비슷한 고민은 나도 과거 몇 번 경험했던 터라 그 팀장의 고민에 공감할 수밖에 없었다. 그리고 따로 그 팀장의 상사를 만나 조심스럽게 물어보았다. 그런데 그 상사는 전혀 그 팀장에 대한 호감이 줄어들지 않았다고 했다. 자신이 다른 일에 정신을 쏟다 보니 그 팀장에게 그런 식으로 비추어졌던 것이다.

실제 대부분의 상사들은 팀원들을 이해하고 경청하고 존중하고 그들의 가치를 인정하려는 마음을 가지고 있다. 문제는 경영 현장에서는 이러한 마음을 팀원들에게 전달하거나 보여주기가 쉽지가 않다는 것이다. 오히려 마음과는 다른 반대의 행동으로 비추어 지기도 한다.

원온원은 바로 직원들이 원하는 이런 욕구들이 동시에 충족될 수 있는 환경을 제공할 수 있다. 바쁜 팀장의 시간을 온전히 한 사람에게 투자한다는 것 자체만 하더라도 팀원은 자신이 존중받는다는 느낌을 가지게 된다. 자신의 아이디어와 의견뿐 아니라 애로 사항도 들어주는 팀장은 나를 이해한다는 느낌을 가지게 되고, 자신의 노력과 성과도 충분히 어필할 수도 있어 인정감과 기여감도 느낄 수 있게 된다. 원온원 실천이 행복 경영에 가장 확실한 방법인 이유이다.

행복 경영 추진의 두 갈래 길*

행복 경영의 대가인 라즈 라후나탄Raj Raghunathan 교수는 행복에 이르는 길을 '희소성'의 길과 '풍요성'의 길 두 가지로 설명한다. 희소성의 행복 추구는 사회적으로 희소한 자원을 남들보다 더 우월적으로 가질 때 행복해진다는 것인데, 일반적으로 돈, 지위, 명예 등이 여기에 해당한다. 회사에서 행복의 조건으로 자주 언급되는 보상과 승진 등이다. 하지만 이런 자원은 희소하다. 누군가 이 자원을 선점하면 다른 사람들은 오히려 행복감이 저하된다. 이런 희소 자원을 행복 추구의 원천으로 삼게 되면 결국은 희소 자원 쟁취자는 소수에 불과하고 대부분은 더욱 불행해지게 된다. 또 다른 행복 추구의 방식이 풍요성 추구이다. 희소 자원이 아니라 화수분처럼 계속 만들어지는 자원으로 행복해진다는 것인데, 관계감, 성장감, 소속감, 성취감 등이 그것이다.

이런 것들은 누가 먼저 우월적으로 쟁취한다고 다른 사람들이 못 가지는 것이 아니다. 누구라도 개인의 노력에 의해 가지고 누릴 수 있는 것이다. 그리고 이것들이 만드는 행복감은 희소 자원이 주는 행복감보다 훨씬 충만한 행복감이 된다.

리더십이 만들어가는 행복 경영은 당근과 채찍이라는 희소성 자원 쟁취로 몰고가는 것이 아니라 풍요성 추구의 길로 팀원들을 이끄는 것이다. 풍요성의 행복은 리더의 소통 노력에 따라 얼마든지 화수분처럼 만들어 낼 수 있는 것이 행복감이다. 이러한 행복은 원온원을 통해 키워갈 수 있다.

• 라즈 라후나탄, 문희경 역, 〈왜 똑똑한 사람들은 행복하지 않을까?〉, 더퀘스트, 2017 참고.

리더들이 원온원을 시작하는 방법

이제 원온원을 시작해야겠다는 생각이 드는가? 반드시 그랬으면 좋겠다. 그런데 부정적 이미지로 원온원을 생각하는 팀원들에게 원온원을 시작하겠다고 리더가 제안하는 순간 생존 모드인 편도체가 활성화될지 모른다. 리더와의 독대가 고문의 시간으로 인식될 수 있기 때문이다. 원온원을 시작하기 전에 리더는 원온원에 대해 팀원들에게 충분한 설명의 시간을 가져야 하고, 진행 방법에 대한 룰 세팅도 사전에 함께 이야기 나누어야 한다. 다음과 같은 예시의 메일을 먼저 보낼 수 있을 것이다.

✉

발신자 ○○○ 팀장
수신자 팀원

팀원 여러분
혹시 원온원 미팅이라고 들어보셨나요?
저와 여러분들이 주기적으로 일대일로 만나 다양한 이야기를 나누는 미팅입니다. 여러분들의 성과, 성장, 행복을 위해 팀장이 할 수 있는 가장 효과적 방안이라고 추천되는 도구입니다. 근본적으로 여러분과 저의 소통 깊이를 획기적으로 높여줄 것으로 기대되는 방법 같습니다.

일견 저와 여러분의 시간이 많이 투입되는 방법이라 도전적이기도 하지만, 투입되는 시간 이상으로 여러분과 저에게 도움이 될 수 있는 도구가 될 거라는 생각이 들었습니다.

처음에는 다소 어색하고 서툰 미팅이 될 수도 있을지 모르겠습니다만 함께 익혀 간다면, 좋은 미팅으로 만들어 갈 수 있을 거라 생각됩니다.

먼저 23일 2시에 팀 전체가 함께 원온원의 시작의 의미를 함께 공유하는 미팅을 먼저 가지고자 합니다.

1) 의미 공유

원온원은 매우 낯선 소통의 툴이기 때문에 그 개념과 의미 및 리더의 생각을 충분히 전달하는 시간을 가져야 한다.

2) 기본 룰 세팅

리더는 원온원 기본 룰 세팅을 만들어 팀원들에게 제안하고, 그들의 의견을 추가 반영한다. 기본 룰이 세팅되어 있지 않으면 사소한 부분에서도 혼란이 생길 수 있다. 기본적으로 팀원들과 이야기를 나누어야 하는 것들은 다음과 같다.

- 주기: 매주 혹은 격주 등 주기를 정한다.
- 운영 시간: 30~60분 사이에서 기본 운영 시간을 정한다.(물론 실제에서는 유연한 시간 운영이 될 수 있다)

- **개인별 사전 스케쥴링**: 팀원 개인별로 고정된 시간을 스케쥴에 확정한다.(예: 김 매니저는 매주 수요일 14시 등)
- **리스케쥴링rescheduling 방법**: 일정이 급한 사정으로 변경될 때, 재일정을 잡는 방법을 정한다.(예: 일정 취소 시 취소 사유 발생 쪽에서 재일정 제시, 단 재일정 날짜는 익일을 넘지 않는다)
- **논의 표준 아젠다**: 성과 회의, 성장 회의, 행복 회의가 기본 논의 아젠다가 될 수 있도록 하고 고정 형식의 템플릿을 만들어 공유한다.
- **회의 운영 방식**: 앞에서 예시한 10:10:10 운영 방식과 같은 운영 방식을 정한다.
- **회의 장소**: 회의 장소를 누가 예약하고 회의 장소가 없을 경우 대안을 제시한다.(예: 해당 팀원이 회의 장소 예약하고, 회의 장소 대안 제안)
- **회의록 정리 및 공유**: 주요한 논의 내용을 회의록으로 정리하는 방법을 정한다. 주로 팀원이 정리해서 메일로 공유하는 방법을 취한다.

4부

국내 A사의
원온원 추진 사례

지금까지 이 책을 읽은 리더라면 원온원을 리더십 툴로 바로 활용해 보겠다는 의지가 어느 정도 끔틀거리지 않았을까 기대해 본다. 원온원을 제대로 진행하기 위해서는 팀원들에게 원온원을 이해시키기 위한 별도의 노력이 반드시 필요하다. 또한 리더 자신의 원온원 시간 확보를 위해서는 수시로 자신을 찾을 수 상사에게도 미리 이해를 구해 놓는 것이 좋다.

이처럼 원온원 추진을 위해서는 초기 일정 기간 동안은 리더들의 상당한 고군분투가 있어야 한다. 그만큼 리더가 개인적으로 원온원을 추진할 때는 어려움이 따라오게 된다. 이때, 회사가 전사적으로 원온원 확산의 틀을 정립해 준다면, 리더들의 노력 부담이 상당히 경감될 수 있다.

회사 차원에서 원온원의 개념과 효과에 대해 교육과 홍보를 진행하고, 원온원을 모든 리더들이 기본적으로 해야 하는 것으로 선언한다면 그 지속적 추진과 성공 가능성은 훨씬 커지게 된다.

글로벌 기업 출신의 한 임원이 이야기가 떠오른다. "I사는 회사에서 리더십 교육은 많지 않고 딱 하나만 챙겨요. 구성원 의견 조사employee opinion survey에서 '당신의 리더는 원온원을 잘 하고 있습니까?'라는 질문 하나를 포함시키는 거죠." 이는 회사 차원의 추진 효과성을 잘 보여주는 사례이다. 전사 서베이에 포함된 단 하나의 질문이지만 원온원에 대한 리더와 팀원들의 상당한 관심과 노력을 넛지nudge하고 있는 것이다.

그렇다면 여전히 원온원이 낯선 한국 기업에서는 회사 차원에서 어떻게 원온원을 추진해야 할까? A사는 국내 기업 중 거의 처음으로 회사 차원에서 원온원 도입과 추진을 진행하였다. 이 사례를 바탕으로 회사가 원온원을 어떻게 도입하고 추진해야 하는지 가이드를 제시해 보고자 한다.

추진 조직의 이해와 확신

2018년, A사에서는 전사 차원으로 원온원 도입의 필요성이 HR 조직으로부터 처음 제기되었다. 원온원이 글로벌 기업에서는 일반화된 리더십 툴이고, 업무 수행에 큰 도움이 된다는 것을 글로벌 기업 출신 인력들로부터 들은 것이다. 처음에는 HR 조직 내에서도 반응은 좋지 않았다. 수평적 문화를 지향하는 서구 환경에서 가능한 툴이지, 수직적 문화인 한국의 정서와는 맞지 않을 것으로 판단했고, 특히 제조업인 A사와는 어울리지 않다고 바라봤다. 정신없이 바쁜 업무 현장에서는 도입이 어려울 것 같다는 반응도 보였다.

이렇듯 원온원 추진 조직이 되어야 할 HR 조직 내부에서부터 원온원 도입에 대한 갑론을박이 이어졌다. 어떻게 보면 당연한 반응이었다. 그때만 해도 너무 생소한 개념이었고, 일대일 면담이라는 뜻을 지닌 단어에서부터 불편함이 느껴졌던 것이다.

이를 해결하기 위해, 우선 HR 조직에서부터 약 3개월간 파일럿으로 원온원을 경험해 보기로 했다. 동시에 원온원의 개념과 방법에 대한 해외 자료와 사례를 학습하며 원온원에 대한 이해 수준을 높여 나갔다. HR 조직 리더들은 업무 추진과 팀원들과의 소통에 도움이 된다는 긍정적인 반응을 보내왔고, 팀원들 역시 리더와 직접적 소통이 싫지 않은 반응이었다. 조금씩 HR 조직 내에서 전사로 원온원을 확산시키자는 의지가 보이기 시작했다.

CEO 스폰서십 확보의 필요성

전사적 확산을 위해서는 CEO의 적극적 지원이 필요했다. HR 조직이 나서서 생소한 원온원을 하자고 하더라도, 현업 부서의 부정적 반응은 뻔했기 때문이다. 원온원이 회사의 문화와 성과를 변화시키게 될 것이라는 것을 CEO의 깃발로 알려야 했다. 그래야 적어도 싫든 좋든 일단 동참하는 척이라도 하기 때문이다.

CEO에게 원온원 도입의 필요성을 보고하고 적극적 지원을 요청했다. 다행히 흔쾌히 승낙해 주신 후 적극적인 스폰서십(원온원의 강조, CEO와 부문장들의 원온원 실시)을 발휘해 주셨다. 원온원 확산을 위해 전사 팀장 교육을 실시한 적이 있었는데, CEO께서 사전 통보 없이 참석하여 교육장 맨 뒷좌석에서 온종일 팀장들과 같이 수강하실 정도였다. 이는 CEO 당신부터 원온원의 이해도를 높이겠다는 메시지였다. CEO의 바쁜 일정을 잘 알고 있었기에 교육을 수강했다는 사실은 깜짝 놀랄 수밖에 없는 이벤트 아닌 이벤트였다. 이 에피소드는 원온원에 관한 경영층의 솔선수범 사례로 사내에 퍼져 갔고, 이후 원온원에 대해 문의하는 임원들이 늘어나기 시작했다.

팀 리더들의 이해

원온원 추진 이야기가 사내에 돌기 시작하면서 "이미 많은 업무 미팅들을 하고 있어 더 이상 새로운 소통은 필요 없다" "잘못하다간 팀원들에게 고문의 시간이 될 수 있다" "현업 팀장들의 바쁜 상황를 전혀 모르고 하는 이야기다" "둘이 마주보고 무슨 이야기를 하라는 거냐?" 등 팀 리더들의 반발은 매우 컸다.

이 상황을 잠재우기 위해 우선 팀 리더들의 원온원에 대한 충분한 이해와 확신이 필요했다. 이를 위해 팀장을 대상으로 하루 과정 원온원 교육을 운영하여 개념 이해와 실천 방법을 전달하였다. 또한 CEO는 영상을 통해 본인이 가진 원온원에 대한 생각과 전사적 추진 의지를 보여 주기도 했다.

리더들의 반응은 생각보다 나쁘지 않았다. 대부분 "원온원이 이런 것이라면 한번 해볼 만하다"는 반응이었다. 이제 원온원에 대한 전사적 추진력은 어느 정도 확보된 셈이었다.

팀원들의 이해

원온원을 시작했지만 매끄럽게 진행되지는 않았다. 팀장들에게는 두 가지 애로 사항이 있었는데, 하나는 팀원 대상으로는 별도의 교육이 없었기 때문에 원온원에 대한 이해 수준에 있어 팀장들과 갭이 발생한다는 것이었다. 팀원들에게 일대일 면담은 좋지 않은 상황에서 진행한다는 부정적 이미지가 강했기 때문에, 팀장의 원온원 제안이 부담스럽게 느껴졌을 것은 당연하다. 또 다른 애로 사항은 원온원을 할 수 있는 물리적 공간의 부족이었다. 두 사람만의 대화가 가능한 장소인 회의실이 절대적으로 부족한 것이었다.

직원 수가 너무 많아 팀장들을 대상으로 진행했던 오프라인 교육을 팀원들에게 제공하는 것은 불가능했다. 사내 방송을 활용하여 원온원을 지속적으로 홍보하였지만, 원온원이 워낙 낯선 것이라 한계가 있었다. 이 문제를 해결하기 위해 선진 기업의 원온원의 실상을 직원들이 직접 보게 해서, 그들이 원온원 확산의 에이전트가 되도록 해보자는 의견이 나왔다. 이를 위해 주니어 직원 서른 명 정도를 선발하여 실리콘 밸리 기업 탐방을 통해 선진 기업의 일하는 방식을 직접 보고 오도록 했다. 선발된 직원들은 스스로 탐방 기업을 정하고 그들이 일하는 방법들을 보고 돌아왔는데, 가장 큰 인상을 받고 온 부분이 바로 원온원이었다. 방문한 기업마다 팀장과 팀원의 기본적 소통 방식으로 한결같이 원온원이 활용되고 있고, 원온원에 대한 직원들의 높은 호응을 직접 확인할 수 있었던 것이다. 사내 방송을 통해 이들이 보고 들은 것을 직원들에게 직접 설명하도록 했다. 주니어 사원들이 직접 경험한 내용이었기 때문에 그 신뢰도는 매우 높았다.

또한 팀원들의 참여를 독려하기 위해 원온원의 의미를 '팀장의 바쁜 시간을 온전히 독점할 수 있는 팀원의 권리'라고 규정하였다. 자신이 팀장의 리소스가 아니라 팀장이 팀원의 리소스라는 인식을 심어 주고, 원온원을 통해 팀장의 시간을 온전히 독점하는 것이 팀원들의 권리라는 점을 강조했다.

원온원의 회의실 공간 부족의 문제는 현장 곳곳에 쉽게 설치할 수 있는 원온원 전용 부스를 만들어 제공하였다. 좁은 부스이지만 두 사람이 방해받지 않고 대화를 나누기에는 문제가 없었다. 현장 조직 곳곳에 설치된 원온원 전용 부스는 매우 활용도가 높았고, 팀원들 눈에 잘 띄는 곳마다 설치되어 원온원 붐을 조성

하는 데 일조하였다. 구내식당도 원온원 장소로 제안했다. 식사 시간 이 외에는 휴식할 수 있는 공간이기도 하고, 규모가 커고, 분위기도 좋아 편안하게 원온원을 진행할 수 있는 장소였다.

임원들의 적극적 참여

임원들 역시 원온원에 대한 이해가 필요했다. 이를 위해 팀장 교육과 동일한 내용으로 별도의 교육 시간을 가졌다. 이후 한두 명씩 원온원을 실천하기 시작했고 점점 많은 임원들이 산하 팀장들과의 원온원에 동참하였다.

임원들의 원온원을 통해서 팀장들 역시 상사와의 원온원에 대한 니즈가 있음을 확인할 수 있었다. 팀장들도 상사인 임원으로부터 이해받고, 존중받고, 자신의 가치를 인정받고 싶은 욕구가 팀원들 못지않았던 것이다. 재미있는 점은 임원들과 원온원을 하는 팀장들이 자신 팀원들과의 원온원에 더 적극적 모습을 보여 준다는 것이었다.

임원 참여의 대표적 사례는 CEO와 부문장 간의 원온원이었는데, 나 또한 CEO와 원온원을 가졌다. 나로서는 CEO에게 마음 편하게 스픽업 할 수 있었고, CEO의 고민과 속내도 들을 수 있는 소중한 시간이었다. 이 경험을 통해 원온원이 경영층에서도 큰 효과가 있다는 것을 깨달을 수 있었다.

원온원 효과에 대한 서베이

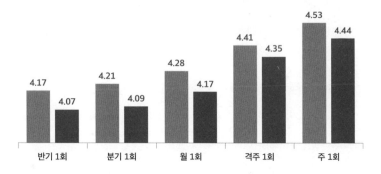

■ 나는 성과 창출을 하고 있다
■ 나는 성장하고 있다

전사적으로 원온원 추진을 시작한 지 1년 정도 흐른 시점에서 원온원의 상황에 대한 점검이 필요했다. 원온원이 리더의 업무 챙기기로 흐를 수 있어, 원온원이 진행될수록 팀원들의 심리적 거부감이 커질 수 있다는 걱정도 있었다. 실제로 원온원 때문에 업무가 힘들어졌다는 직원의 불만들도 익명 게시판에 올라오기도 했었다.

원온원에 대한 직원들의 목소리를 듣고자 전 직원을 대상으로 원온원 실천에 관한 서베이를 실시했다. 그런데 그 효과는 기대보다 놀라웠다. 원온원의 빈도수가 주 단위부터 반기 단위까지 비슷하게 분포되어 기대보다는 많은 조직이 참여하고 있었다. 그런데 눈에 띄는 결과는 팀원들이 생각하는 자신의 성과 창출과 성장감이 원온원의 주기 빈도에 따라 뚜렷한 차이를 보였다는 것이다. 원온원 주기를 빠르게 자주 할수록 팀원들의 성과 창출 인식과 성장감 인식이 확연히 높은 것으로 나온 것이다. 원온원에서 얻고자 했던 직원들의 성과와 성장 효과를 확인할 수 있는 결과였다. 그리고 회사의 전사적 추진 필요성에 관한 질문에서도 "앞으로도 회사가 더 적극적으로 원온원을 추진할 필요가 있다"라는 의견에 약 70%가 동의하였다. 직원들 입장에서 원온원이 도움이 되고 있는 것이 분명했다.

또한 팀원들을 대상으로 〈나에게 원온원은 ○○○이다〉라는 공모전을 실시하였는데, 여기에 나온 답변들은 팀원들이 느낀 원온원의 효과를 생생하게 잘 보여주고 있다.

'원온원은 나에게 산소이다'

리더와 깊이 있는 대화를 나눌 일이 자주 없는데 정기적 원온원은 대화를 나눌 수 있는 자리를 마련해 준다. 동시에 대화를 통해서 회사 생활에서의 어려움과 고충을 얘기하며 해결책을 함께 모색하는 것은 살아가는 데 없어서는 안 되는 '산소'같이 '회사 생활의 산소'같은 역할을 한다고 사료됩니다.

'원온원은 나에게 사랑 고백이다'

표현하지 않는 사랑은 사랑이 아닙니다. 정기적으로 표현해야 상대방과 내가 사랑하는 줄 알 수 있습니다. 업무, 성과, 실수 등을 스픽업 하고 표현해야 상대방이 알 수 있습니다. 공개적으로 표현할 수 있는 사랑 고백도 있지만 원온원으로만 표현할 수 있는 사랑 고백도 있습니다. 공개적인 자리에서 말하기 힘든 일들 (개인사, 업무 고충 등)을 원온원을 통해 말할 수 있습니다.

'원온원은 나에게 장인어른이다'
둘만 있으면 매우 어색하지만 사실은 좋아한다.

A사 원온원 추진 사례를 통해 얻게 된 레슨
위의 사례를 통해 회사 차원에서 원온원을 추진할 때 참고할 만한 사항들을 요약하면 다음과 같다.

- 추진 조직부터 먼저 이해와 확신을 확보해야 한다
  원온원을 HR 조직이 먼저 파일럿으로 실행하여 원온원에 대한 이해와 확신을 가진 후 전사 추진을 시작할 필요가 있다.
- CEO의 스폰서십 발휘가 필요하다
  HR 조직의 주도가 아닌 CEO의 주도로 원온원 도입이 강조될 필요가 있다. 그래야 초기 현장의 반발이 덜하고 원온원 동참률이 올라간다.
- 팀 리더들이 원온원 이해를 충분히 하고 출발해야 한다
  팀장 대상으로 하루의 일정으로 원온원 개념과 실천 방법에 대한 교육

과 연습이 필요하다. "시간이 없다" "이미 많은 대화를 하고 있다" "팀원들이 더 싫어한다" 등의 원온원을 피하려는 갖가지 이유들을 잠재울 수 있다.

- 팀원들을 대상으로 원온원을 적극 홍보한다

팀원들은 숫자가 많지 않으면 팀원들에게도 오프라인 교육을 실시하는 게 최선이다. 하지만 그것이 어려우면 온라인 학습이나 사내 방송과 게시판 등을 통해 팀원들에게 원온원에 대해 잘 홍보할 필요성이 있다.

- 원온원 회의 공간 확보해 준다

회의실은 업무 회의용으로 규모가 크고 많지가 않아 원온원을 할 수 있는 공간이 부족하다. 작은 규모로 원온원 전용 회의실를 만들어 제공해 줄 필요가 있다.

- 원온원 실천에 대한 주기적 서베이가 필요하다

원온원이 현장에서 잘 진행되고 있는지에 대한 현상 파악과 문제점에 대한 인식을 통해 전사 추진에 반영시켜 갈 필요가 있다. 아울러 원온원에 대한 리더들의 관심과 실천 노력에 대한 서베이의 질문은 리더와 팀원들에게 원온원의 실천을 넛지하는 상당한 효과도 수반하게 된다.

- 임원들도 동참이 필요하다

팀장이 팀원들과 원온원을 하기에 앞서 임원들이 산하 팀장들과 원온원을 실천하는 모범을 보이는 것이 좋다. 팀장들의 업무 과중과 스트레스 등을 생각하면 오히려 팀장들이 상사와의 원온원 필요성을 더 가지고 있다고 할 수 있다. 임원과 원온원을 가지는 팀장은 자신 팀원들과의 원온원에 더 적극적이게 된다.

- 경영 상층부도 원온원이 도움된다

CEO가 부문장들과 원온원을 한다면 그 파급 효과가 크다. CEO와 부문장 간 신뢰도가 높아지고 일의 추진에서도 경영층의 정렬이 강해지기 때문이다. 경영층이 원온원을 하게 되면 하위 직책자들은 당연히 원온원을 해야 한다는 인식이 높아진다.

- 성과 관리 제도와 연계시키는 것이 좋다(이 부분은 A사에서 경험한 것은 아니다).

많은 회사들이 상시 성과 관리 제도로 변화하고 있는데, 원온원의 성과 대화는 상시 성과 관리 제도의 핵심 파트가 되고 있는 부분이다. 이렇게 되면 원온원의 필요성과 수용도를 좀 더 높일 수 있다.

5부

기승전 원온원

내가 원하는 팀의 조직 문화는
어떻게 만들 수 있나?

피터 드러커Peter F. Drucker가 "문화는 전략을 아침식사로 먹어 치운다"라고 이야기할 정도로 기업 문화는 CEO들의 핵심 아젠다가 되었다. CEO의 깃발 하에 추진되는 기업 문화 구축에는 많은 투자와 노력도 아끼지 않는다. 하지만 소중한 것일수록 얻기는 더 힘들다고 했던가? 자신만의 우수한 기업 문화를 갖기 위한 많은 노력에도 불구하고 "그래서 기업 문화가 좋았졌어요?"라는 질문에 "예"라고 답할 수 있는 기업은 많지 않은 듯하다.

전사 차원에서의 기업문화 구축은 점점 더 어려워지고 있다. 회사가 일정 규모를 넘어서면 각 조직들의 업무 특성이 다양해지고 직원의 규모도 급증하여 하나의 색깔로 최적의 기업 문화를 설정하고 구축하기가 매우 어려워진다. 한 회사 내에 전혀 다른 스킬 셋skill set과 문화 코드를 요구하는 새로운 비즈니스들이 늘어나게 되면 기존의 기업 문화는 오히려 걸림돌이 되는 경우도 많아진다.

더구나 보다 긴 호흡으로 만들어서고 변화해 갈 수밖에 없는 기업 문화는 VUCA라는 빠른 환경 변화와 맞지 않는 불일치mismatch 현상도 자주 경험하게 된다.

이와 관련한 경험 하나를 공유해 보겠다. 당시 회사의 문화 코드는 '스마트하고 독하게'였다. 이 문화 코드는 인위적으로 만들었기보다는 과거 몇 차례의 어려운 위기를 극복해 온 회사의 암묵적인 성공 방정식이기도 했다. 회사는 '스마트하고 독하게'라는 문화 슬로건을 내걸고 '독한 행동'이라는 강령code of conduct까지 구체화하고 확산시켰다. 과거 회사의 위기를 직접 겪고 극복해온 직원들에게 이 문화 코드는 자부심이었고 후배 직원들에게도 전파하고 싶은 그들만의 스토리였다. 하지만 갑자기 MZ세대의 대규모 채용이 몇 년 동안 이어지면서, 주니어 구성원 비율이 급속히 늘어났다. 직원들의 자부심이었던 '독한 행동'이 MZ세대 직원들에게 부담스러운 강령이 되기 시작했다. 회사의 성공 스토리를 문화 코드화하여 성공적으로 기업 문화가 확산되고 있다고 생각한 그 순간, 직원의 절반 이상이 MZ세대로 채워진 새로운 환경과 겨우 새롭게 자리 잡기 시작한 문화 코드가 갈등하는 불일치 현상이 발생하였다.

기업의 문화에는 경영진과 직원들의 많은 관심을 가지는 기업 문화corporate level culture 이 외에 또 하나의 중요한 문화가 있는데 그것은 바로 조직 문화organization level culture이다. 현장 일선에 있는 직원들에게 더 중요한 문화는 다소 애매하고 추상적인 기업 문화보다는 오히려 팀원들이 일하는 방식이나 동기부여에 직접적으로 영향을 미치는 팀 조직 문화다.

문화의 중요성을 인식한다면 더욱 더 어려워지고 있는 기업 문화 구축에 집중되는 투자와 노력의 일부를 팀 단위의 조직 문화 구축으로 돌려야 한다. 팀 단위는 규모도 작아 어떤 문화를 만들어 갈지에 대한 합의와 약속이 크게 어렵지 않고, 일과 별도의 문화 구축 노력이 필요한 게 아니라 진행되는 일을 수행하는 방식 속에서 문화가 만들어진다. 기업 문화 구축과 비교하면 팀 단위 문화 구축은 훨씬 수월하면서도 직원들 성과와 행복에 미치는 그 효과는 크다. 또한 팀 문화의 색깔은 리더의 리더십 색깔과 비슷하게 형성되기 때문에 리더가 '내 조직의 문화만은 좋은 문화로 한번 만들고 싶다'라는 생각만 가진다면 충분히 만들어 낼 수 있다.

	기업 문화	조직 문화
오너owner	CEO, 문화 담당 조직	팀 리더
범위	매우 넓음 (과녁이 불분명)	좁고 구체적 (높은 성과 열망과 심리적 안전감)
필요 투입 노력	매우 큼	별도 노력 없음 (일상의 리더십)
직원에 대한 문화 임팩트	낮음(직원 변화에 대한 문화의 영향력이 낮음)	큼(직원에 대한 변화 영향력이 큼)
성공 가능성	낮음	매우 높음
실천 툴	캐치프레이즈, 슬로건, 교육	팀의 일하는 방식(예: 원온원)
확산 시간	장기 소요: 빠른 환경 변화시 지체lagging 혹은 불일치mismatch 가능성 커짐	단기 확산 가능
문화 관심도	문화 중요성과 관련하여 주로 관심의 대상은 기업 문화	조직문화에 대해서는 관심이 덜함

팀 문화 구축에 관한 최고의 가이드는 심리적 안전감이라는 개념을 전세계로 유행시킨 에이미 애드먼슨Amy C. Edmondson 교수 모델이다. 가장 심플하면서도 인사이트가 넘친다. 그녀는 조직 문화 형성에서 가장 중요한 핵심 요소를 성과 책임감accountability 과 심리적 안전감으로 보았다. 그리고 이 두 가지 기준의 조합으로 네 가지 팀 문화를 구분하고 있다.

- **성과 책임감**: 팀원들의 높은 성과 열망, 높은 업무 기준 유지
- **심리적 안전감**: 어떤 두려움 없이 스픽업speak up할 수 있는 팀 내 신뢰감

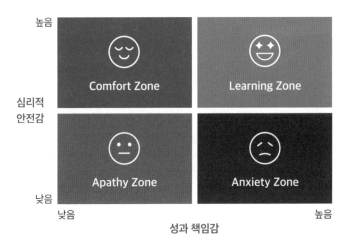

- **걱정존**Anxiety Zone: 예전에 가장 많이 보아왔던 문화이다. 팀원들은 압박감과 불안감으로 편도체가 종일 활성화되어 있고, 스트레스 유발이 높은 조직이다. 회사 생활은 당연히 여기 존에 있을 수밖에 없고 또 그래야 한다고 생각하는 직책자도 적지 않다. 이 존에서는 두뇌가 투쟁-도망의 생존 모드가 되고, 전두엽 활성화는 낮아 미디어커mediocre 성과 이상을 기대할 수가 없다.
- **컴포트존**Comfort Zone: 걱정존의 대척에 있는 팀 문화이다. 예전에 거의 존재하지 않던 컴포트존이 요즘 행복 경영 강조와 MZ세대의 특성이 맞물려 상당히 확산되는 조직 문화이다. 직원들에게 마냥 잘 하는

것이 행복 경영이라고 생각하는 오해는 컴포트존을 확산시키고 있다. 편도체는 안정화되어 있지만 높은 성과 달성의 열망이 낮아 일에 대한 몰입이 높지 않다. 당연히 미디어커 성과 이상을 기대할 수가 없다.

- **무관심존**Apathy Zone: '조용한 퇴사'라는 새로운 트렌드에서 관심을 끄는 존이다. 높은 성과 열망도 없고, 조직 내 신뢰도 약해, 회사에서 쫓겨나지 않을 정도의 최소한의 노력 투입만 하겠다는 문화이다. 겉으로 보이기는 걱정존에 있는 것 같지만 마음속으로는 이미 무관심존으로 이동해 있다. 무관심존의 문화를 가지는 조직들이 점점 많아지고 있음은 분명한 사실로 보인다.

- **러닝존**Learning Zone: 누구나 만들고 싶어 하는 팀 문화이다. 높은 성과 열망도 높고, 심리적 안전감도 높아 전두엽 성과, 적응적 성과, 성과책임감 성과가 창출되는 존으로 미디어커 성과를 넘어서는 차별적 성과가 창출될 수 있는 조직 문화이다. 행복과 성과가 함께 만들어지는 문화이다.

여러분의 팀 문화는 어떤 조직 문화일까? 국내 기업 조직들의 대부분이 아직 심리적 안전감이 높지 않다는 점을 고려하면 걱정존 아니면 무관심존의 조직 문화일 가능성이 크다. 누구나 만들고 싶어 하는 팀 문화의 모습은 러닝존이고 리더들 역시 높은 성과 책임감과 심리적 안전감을 높이려는 노력을 기울여 왔다. 그런데도 팀원들의 성과 책임감과 심리적 안전감을 높이는 변화는 만들어 내지 못하고 있다. 리더들의 팀원에 대한 변화 영향력, 즉 리더십이 약하기 때문이다.

앞서 반복적으로 강조하였지만 원온원은 성과 대화, 행복 대화 그리고 성장 대화를 통해 팀원들의 높은 성과 책임감과 심리적 안전감이라는 두 마리 토끼를 확실히 잡을 수 있게 하는 리더십의 툴이다. 팀 문화를 러닝존으로 안내할 수 있는 가장 좋은 방법인 것이다.

얼마 전 갤럽에서 진행한 조용한 퇴사에 대한 연구에서도, 조용한 퇴사 문제 해결을 위해 회사가 할 수 있는 가장 확실한 해결책은 다름 아닌 원온원 실천이었다.

"조용한 퇴사의 위기 해결을 위해 (중략) 팀장들은 팀원들을 도와 그들의 몰입감 저하를 줄이고 번아웃을 막도록 해야 하고 이를 위해 그들과 대화하는 방법을 잘 배워야 한다. (중략) 갤럽이 발견한 것은 성공적 팀장의 최고 습관은 바로 팀원들과 매주 15~30분의 대화를 가지는 것이다."[*]

* Jim Harter, 'Is quiet quitting real?', GALLUP, 2022.

리더십의 두 가지 가정:
나와 그것의 관계 vs. 나와 너의 관계

우리는 리더십 스킬을 익히면 리더십 발휘를 잘 할 수 있을 거라는 기대감을 가진다. 이 책을 잘 읽어온 독자라면 원온원이야 말로 리더십 발휘의 묘약이라고 생각할지 모르겠다. 그러나 원온원을 한다고 리더십 발휘가 보장되는 것은 아니다. 원온원을 잘못 운영하면 팀원들에게 오히려 더 큰 어려움을 줄 수도 있다. 그런데 원온원을 잘하고 못하고 가르는 보다 근본적 요인은 원온원의 스킬이 아니라 리더가 팀원과의 관계를 어떤 관점으로 가정하고 있느냐에 달려 있다. 오스트리아 철학자 마틴 부버 Martin Buber는 사람 관계를 '나와 그것'과 '나와 너' 두 가지 관계로 설명한다.

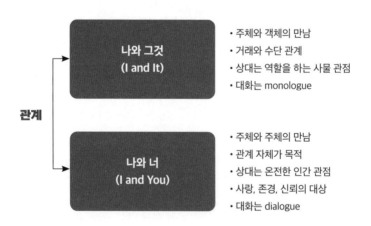

관계

나와 그것
(I and It)
• 주체와 객체의 만남
• 거래와 수단 관계
• 상대는 역할을 하는 사물 관점
• 대화는 monologue

나와 너
(I and You)
• 주체와 주체의 만남
• 관계 자체가 목적
• 상대는 온전한 인간 관점
• 사랑, 존경, 신뢰의 대상
• 대화는 dialogue

고성과 리더의 비밀, 원온원

'나와 그것(I-It)' 관계는 상대를 사물화하여 객체 또는 수단으로 대하고 자신의 목적 달성에 상대를 사용하거나 조작하려는 관계이다. 반면 '나와 너(I-you)' 관계는 상대를 사물이 아닌 온전한 인간으로 인정하고, 대화와 공존을 통해 서로를 경험하는 관계이다. 상대가 수단이 아니라 목적이고, 존경과 사랑의 대상으로 소통하여, 이해와 신뢰를 경험하는 관계인 것이다.

19세기 초에 등장한 테일러리즘 이후 발달을 거듭해 온 경영학이 직원들에게 가졌던 관점은 '나와 그것'의 관계를 가정한 것에 가까웠다. 휴먼 리소스human resources라고 해서 휴먼이라는 접두어가 있었지만 여전히 방점은 리소스에 있었고, 여타 리소스처럼 직원들은 기업의 목표 달성을 위해 활용을 극대화해야 하는 수단적 존재라는 인식이었다.

최근 휴먼 리소스에서 휴먼의 방점이 점점 커지고, 행복 경영이 등장할 만큼 인간 중심 경영이 확산되고 있는 듯하지만 여전히 많은 직책자들은 '나와 그것'의 관점에 치우쳐 있다. 여전히 강하게 남아 있는 이러한 관점 대해 이 시대 최고의 경영 사상가 한분으로 칭송되는 헨리 민쯔버그Henry Mintzberg 교수는 다음과 같이 한탄했다.

"나는 휴먼 리소스human resource가 아니다. 더구나 휴먼 자산human asset도 아니고 휴먼 캐피탈human capital도 아니다. 나는 한 사람의 온전한 인간human being이다."

여러분이 그동안의 조직 생활 경험에서 '내가 존경하는 상사'
가 있다면 누구인지를 한번 떠올려 보길 바란다. 그 상사는 여러
분을 온전한 주체적 인간으로 대해 준 상사였는가? 아니면 자신
의 성과 달성을 위한 수단적 존재로 대해 준 사람이었는가? 그
대답은 너무나 명확할 것이다. 팀원들은 리더가 자신을 온전한
인간으로 보는지 아니면 단순한 수단으로 보는지를 바로 알아차
릴 수 있다. 표면적으로는 아무리 잘해 준다 하더라도 인간관계
에서 이 부분은 자연스럽게 드러나기 때문이다.

리더십이라는 것은 팀원을 '나와 너'의 관계, 즉 주체와 주체의
만남이라는 관계에서 만들어지고 발휘될 수 있는 것이다. 왜냐
하면 리더십은 바로 사람 간 '소통'이기 때문이다. 그래서 '나와
그것'의 가정으로 원온원을 운영하게 되면 아무래도 겉돌 가능
성이 많다. 원온원은 바로 주체와 주체의 만남으로 가능한 미팅
이고 상대에 대한 온전한 인간적 관심이 교환되는 미팅이기 때
문이다.

킴 스콧kim Scott은 〈실리콘밸리의 팀장〉에서 리더십은 "권한이
아닌 관계의 문제"라고 적시하면서 이 관계는 업무적 관계를 넘
어서는 개인적 관심 관계라고 이야기한다.

"개인적 관심이란 업무 영역을 넘어서 더 높은 꿈을 품은 존재로 팀원 개개인을 대하는 것이다. 대화를 나눌 시간을 마련하고 인간적 측면을 이해하고 무엇을 중요하게 생각하는 것을 알아가는 것이다. 그리고 아침에 일어나 출근하도록 만드는 것이 무엇인지 혹은 출근하기 싫게 만드는 것은 무엇인지를 함께 공유하는 것이다."*

여기서의 개인적 관심 관계란 바로 '나와 너'의 관계 위에서 나올 수 있는 것이며 원온원의 대화로 만들어 낼 수 있는 관계인 것이다.

* 킴 스콧, 박세연 역, 〈실리콘밸리의 팀장들〉, 청림출판, 2019.

리더 책임 모형에서
구성원 책임 모형으로

팀 리더들에게 주어지는 과제와 책임은 점점 늘어나고 있다. 성과 책임은 물론, 팀원들의 행복과 성장까지도 책임져야 한다는 요구까지 받고 있다. 요즘 기업들이 팀 리더의 리더십에 대해 갖는 생각은 그들에게 가급적 많은 책임을 가중시키고 이 책임을 잘 완수토록 하는 것이라고 생각하는 듯하다. 이러한 생각은 '리더 책임 모형'이라 부를 수 있다.

하지만 이렇게 리더에게 많은 책임이 집중되어서는 어느 것 하나도 올바르게 잘 수행할 수가 없다. 리더라고 해서 무슨 용빼는 재주가 있어 이 모든 책임을 다 감당할 수 있는가? 간혹 팀 리더에 대한 보상이나 복지의 추가와 같은 동기부여를 통해 그들의 과중한 책임 문제를 해결하려는 접근이 있다. 아무리 보상을 더 해줘도 업무와 책임 과중함은 해소하지 못하는 미봉책이 될 뿐이다.

여러 번 반복했지만 VUCA 시대에는 리더의 주도성이 아닌 팀원 스스로가 주도성을 발휘해야 한다. 뿐만 아니라 본인의 성과, 행복, 성장까지도 팀원이 스스로 주도하고 책임지도록 해야 한다. 리더 한 사람에게 집중되는 그 모든 책임이 팀원들과 공유돼야 하는 것이다. 자신의 성과, 행복, 성장을 팀원 스스로 책임지는 생각은 '구성원 책임 모형(혹은 책임 공유 모형)'이라 부를 수 있다.

리더십 연구자로 유명한 사이몬 시닉Simon Sinek은 "리더십은 책임지는 것에 관한 것이 아니라 책임지는 사람들을 돌보는 것에 관한 것"이라고 했다. 구성원 책임 모형을 단적으로 이야기한 것이다. 회사는 예전부터 팀 리더의 주도성을 리더십의 상징으로 이야기해 왔다. 하지만 아이러니하게도 리더의 주도성이 커지면 팀원의 주도성은 그만큼 저하되는 것이 현실이다.

이와 관련한 경험 하나가 생각난다. 당시 팀장이었던 나는 일정에 없던 팀장 교육에 6주간 참여해야 한다는 소식을 들었다. 나는 팀장인 내가 6주간 빠져도 팀의 일이 잘 돌아갈 수 있을지 많은 걱정을 했다. 교육이 시작된 첫 주는 과연 예상대로 전화기에 불이 났다. 하지만 그 다음 주부터 연락은 거의 오지 않았고, 오히려 내가 궁금해 전화를 거는 상황이었다. 교육을 마친 후 팀에 복귀하여 그간 진행된 일들을 살펴보았는데, 내심 깜짝 놀라지 않을 수 없었다. 내가 있을 때보다 일이 더 잘 돌아가고 있던 것이다. 많은 생각들이 떠올랐다. '내가 있기에 팀이 잘 돌아간다고 생각했는데, 나는 없어도 되는 잉여 인간이었던 것인가?' 그동안 내가 발휘했던 주도성이 팀원들의 주도성을 막고 있었던 것이다. 나에게 매우 충격적인 경험이었고, 그동안 리더십에 대한 생각이 크게 바뀌는 계기가 되었다. 리더십이라는 것은 리더

개인이 더 뛰어나기 위한 것(리더 책임 모형)이 아니라, 팀과 팀원을 더 뛰어나게 하는 것(구성원 책임 모형)이라는 인식을 이해하게 되었다.

현재 기업들의 상황은 내가 팀장이었을 때보다 훨씬 VUCA의 특성이 올라갔다. 구성원들이 스스로 알아서 주도성을 발휘해야 하는 적응적 성과의 시대가 되었고, 구성원 스스로가 최종 성과의 책임까지 생각해야 하는 성과 책임accountability의 시대가 되었다. 구성원이 주도성을 발휘하도록 하기 위해서 리더는 팀원의 주도성을 코칭하고 지원하고, 공감해주는 역할로 변해야 하는 것이다. 리더 책임 모형에서 구성원 책임 모형으로 변화하는 가장 효과적인 방법이 바로 원온원이다. 원온원을 통해 팀원들은 자신의 성과, 행복, 성장의 책임을 스스로 느끼고 주도성을 가지게 된다.

시간 관리가 리더십이다

예전에 현업 임원들의 스케줄을 한번 살펴본 적이 있다. 대부분의 임원들은 일주일 내내 아침부터 저녁까지 점검 회의와 보고로 스케줄이 꽉 차 있었다. 그리고 그 임원들은 그 스케줄을 통해 어쩌면 '나 이렇게 열심히 일하는 임원이야'라는 생각을 했을지 모르겠다. 대부분의 리더는 바쁘게 일하는 것이 직책자로서 자신의 가치를 잘 보이는 것이라 생각할 수도 있다.

그런데 리더들의 이러한 바쁜 스케줄은 자랑할 만한 것일까? 우리가 그동안 배워온 리더십 스킬은 바로 질문, 경청, 코칭, 피드백, 공감 등이고 이것은 소통의 핵심이다. 항상 정신없이 바쁘다는 리더들이 이런 리더십 스킬을 발휘하는 것을 본 적이 있는가? 리더십은 '소통에 의한 변화 영향력'이라는 정의를 여러 번 반복해 왔다. 팀원들에 대한 변화 영향력의 발휘는 오직 소통의 시간을 통해서만 가능한 것이다. 그 바쁜 리더들의 스케줄에는 '소통'의 시간을 찾을 수 없다. 업무 점검과 보고를 소통이라 주장할지도 모르겠지만 겸손한 질문과 경청보다는 단언telling들이 춤을 추는 컨텍스트다. 변화 영향력이 발휘될 수 없는 소통이다.

'정말 바빠 죽겠어'라는 리더의 하소연은 '내 리더십은 엉망이야'라는 고백과 동일하다. 리더가 이런 바쁨의 덫에서 빠져나올 수 있는 하나의 방법이 소통 시간 확보를 강제화하는 것이다. '강제 저축'이라는 것이 있다. 비용 지출 전에 일정 금액을 자동으로 먼저 저축하고 남는 돈으로 비용 지출을 하게 하는 개념이다. 남는 돈으로 저축을 하는 것이 아니라 먼저 저축을 하고 남는 돈으로 지출을 하지는 사고의 변화가 있어야 항상 허덕이는 적자의 덫에서 빠져 나올 수 있다는 관점이다.

리더십 발휘를 위한 시간의 확보에도 동일한 논리가 적용될 수 있다. 바쁜 리더들에게 남는 시간의 여유란 없다. 시간의 여유가 생기면 그때 소통의 시간을 갖겠다라는 생각이 헛된 이유다. 소통 시간의 확보는 강제 저축처럼 원온원 소통의 시간을 자신의 스케줄 속에 무조건 미리 깔아 두지 않으면 안 된다. 미국 기업의 리더들이 원온원의 스케줄을 자신의 일정표에서 가장 먼저 채우는 방식을 따르는 것이다.

앤디 그루브 회장은 원온원이 리더의 시간을 빼앗는 것이 아니라 오히려 절약시켜 준다고 강조한다. 원온원을 하면 원온원을 하지 않았을 때 별도로 추가적으로 해야 하는 많은 회의와 소통 시간은 물론 미리 발견하지 못해 커져 버린 문제 해결을 위해 뛰어 다녀야 하는 시간까지도 없애 준다고 이야기하고 있다. 앞서 살펴보았던 A사에서 원온원을 전사적으로 도입할 때도, 원온원에 부정적인 가장 큰 걱정들이 직책자들의 바쁜 스케줄이었다. 하지만 도입 이후 원온원 때문에 더 바빠졌다거나 할 일을 못한다는 이야기를 들어본 적이 없다.

시스템 매직system magic과
휴먼 매직human magic

아직도 시스템이 놀라운 성과를 만들어 낸다는 '시스템 매직'
의 환상이 강하다. 한때는 경영시스템 경쟁의 시대였고 '시스템
매직'은 경쟁력의 원천이었다. 갑자기 커져버린 조직의 목표를
정렬하고, 목표 달성을 담보하기 위해 KPI 시스템이 작동을 하
고, 성과에 따른 보상의 연결을 강화시켜 더 큰 모티베이션을 기
대하는 평가 보상 시스템 등이 작동을 했다. 그리고 어떤 기업이
만들어 낸 효과를 본 시스템은 벤치마킹이라는 이름으로 대다수
의 기업에 전달되고 채용되었다.

그런데 얼마 전부터 경영 시스템에 대한 벤치마킹이 조금씩
사라지기 시작하고 있다. 이제 기업(특히 대기업)의 시스템은 어
느 정도 갖추어지고, 더 이상 시스템 차별의 경쟁력은 크게 발휘
되지 않는 듯하다. 시스템은 기업의 기존 운영 속도만 유지시킬
뿐 기업 구성원들에게 더 이상 변화의 모멘텀은 만들어 내지 못
하게 되었다. 기업에서는 평가 시스템이나 보상 시스템의 혁신
등 각종 시스템의 혁신을 지속하지만 이미 구성원들에게 주는

영향력influencing은 매우 약하다. 시스템 추가와 개선이 더 이상 성과의 개선을 만들어 내지 못하는 '시스템의 포화saturation 현상'이 나타나고 있는 것이다.

VUCA의 예측 불가능한 시장과 기술 변화로 시스템은 이런 변화를 제대로 반영할 수 없기 시작했다. 표준화와 안정화를 목표로 하는 시스템이라는 것이 오히려 혁신의 걸림돌이 되기 시작한 것이다. 혁신을 만들어 내는 회사는 오히려 시스템이 미약한 벤처 회사들이었고 이들이 시장을 지배하기 시작했다. 혁신은 시스템이 만들 수 있는 매직이 아니라 팀원들의 아이디어와 실험 같은 재량적 노력들이 만들어 내는 '휴먼 매직'이라는 것이 점점 분명해졌다.

이렇듯 상황은 시스템 매직의 매력 저하가 뚜렷함에도 여전히 기업들은 정교한 시스템 구축이라는 '시스템 매직'에 대한 믿음을 내려놓지 못하고 다양한 형태의 시스템들이 더욱 정교한 형태를 목표로 여전히 공사 중under construction이다. 직책자인 리더들 역시 마찬가지다. 시스템 매직을 실행하는 매니지먼트를 강하게 작동하는 것이 가장 성과를 잘 내는 방법이라 믿는 것이다. 팀원들의 엉뚱한 행동을 최소화하고 계획된 행동의 보장을 위해 지시와 통제를 강하게 하는 것이 최선이라는 믿음을 갖고 있다.

시스템 매직에서는 사전에 정의된 시스템의 톱니바퀴 역할 이상으로 하는 팀원의 재량적 노력 투입은 환영받지 못한다. 그래서 '시스템 매직' 하에 팀원들은 톱니바퀴가 할 수 있는 고만고만한 미디어커mediocre 성과만 양산할 따름이다. 누가 와서 하더라도 비슷한 수준으로 만들어 낼 수 있는 그런 성과이다.

지금 기업에서 일어나는 성과 문제는 하이high, 굿good, 로우low라는 상대적 성과 구분 잣대상에서 변별되는 로우 성과에 있지 않다. 하이든, 굿이든, 로우든 어떤 평가 딱지를 붙이든 간에 대부분의 성과가 그저 그런 미디오커 성과라는 것이 우리가 처한 성과 문제의 본질이다. 누구나 KPI 목표에 근접하고 이를 성과라고 주장하지만 정말 자랑하고 싶은 성과는 드문 것이다. 자랑하고 싶은 성과는 미디오커 성과와는 다르게 차별적different 성과라 할 수 있다. 오직 나만의 다름이 있었기에 만들어 낸 것으로 시스템의 가이드에 없는 팀원의 재량적 노력 투입을 만들어 내는 '휴먼 매직'의 결과다.

지금의 성과 관리 시스템은 오십보백보의 비슷비슷한 성과에 대해 굳이 하이, 굿, 로우의 평가 딱지를 붙이는 데 많은 노력을 투여하고 있는 것이지, 차별적 성과를 만들어 내는 것에 초점이 있지 않다. 슬프게도 평가 딱지의 강조가 많을수록 편도체 성과, 전술적 성과, 역할 책임responsibility 성과 비중만 높아진다. 전두엽 성과, 적응적 성과, 성과 책임accountability 성과는 한결같이 휴먼 매직이 만들 수 있는 성과이다. 휴먼 매직을 풀어 내는 가장 확실한 방법이 바로 원온원이다. 글로벌 기업들이 원온원의 성과 대화 중심으로 성과 관리 시스템을 바꾸어 나가는 이유이다.

기승전 원온원

VUCA라는 빠른 환경 변화를 부정하는 기업은 없다. 이런 환경 변화에 하드웨어 측면의 비즈니스 모델과 전략의 변화, 그리고 소프트웨어 측면에서의 기업 문화, HR 제도, 리더십 등의 변화는 모든 기업들이 가지는 시대적 화두이다. 하지만 이 하나하나의 변화들은 얼마나 어려운 과제들인가? 이런 상황에서 우리가 원온원을 알게 되는 것은 참으로 다행스러운 일이다. 왜냐하면 소프트 측면에서 기업들이 가지는 여러 어려운 변화 과제들은 아래에서 설명하는 것처럼 한결같이 원온원을 통해 해결의 실마리를 찾을 수 있기 때문이다. 기승전 원온원이라는 말을 자신 있게 할 수 있는 이유다. 이런데도 아직 우리 기업들은 원온원에 대한 관심이 절대적으로 부족하다는 것은 참으로 안타까운 일이다. 여기서는 소프트 측면에서 기업들이 안고 있는 어려움 일곱 가지 과제의 예를 중심으로 원온원이 어떻게 이 과제들의 공통 솔루션이 되고 있는지 간단히 살펴보고자 한다.

문화의 변신

요즘 기업들이 갖고 싶어 하는 문화는 창의, 활발한 소통, 높은 성과 책임감, 주도적인 일처리, 신뢰, 자율 등으로 수렴된다. 이중 한두 가지씩은 거의 모든 기업들의 문화 슬로건에 쓰여 있음 직한 것들이다. 대부분 회사들의 기업문화 구축 접근은 탑다운top down 방식이었다. CEO 깃발 하에 전사 차원의 반복적 강조와 노출이 직원의 생각을 조금씩 변화시킬 것이라는 가정이었다. 하지만 집단적 동조에 거부감을 가지고 개인적이고 개별적 공감을 훨씬 우선시하는 MZ세대의 직원들에게 이런 탑다운의 문화 확산 방식은 거의 통하지 않는다.

이제는 직원 스스로가 일상의 업무 수행 과정에서 직접 참여하고 소통하는 팀 단위의 문화 구축 방식이 더 필요하다. 바텀업bottom up 방식의 문화 구축 시대가 된 것이다. 원온원은 팀 단위에서 우리가 그토록 갖고 싶어 했던 문화 변신의 콘텐츠들을 고스란히 만들어 내고 있다. 앞에서 바람직한 팀 문화의 예시로 러닝존learning zone의 문화를 살펴보았고, 러닝존 문화로 향하는 가장 쉽고 확실한 방법이 바로 원온원 실천이었다. 그렇게 어렵다는 기업 문화 변신은 바로 원온원을 통한 바텀업 방식으로 가능한 것이다.

성과 관리 제도 변신

상시 성과 관리 제도로 변화를 선언하는 국내 기업들이 늘고 있다. 성과 관리를 상시 성과 관리로 바꾼다는 것은 성과 평가 performance appraisal 중심에서 성과 대화performance conversation으로 전환시킨다는 의미다. 그리고 성과 대화는 바로 원온원의 핵심 대화이기도 하다. 성과 관리 제도의 변신은 바로 원온원의 실천이 성공의 관건이 되는 것이다.

리더십 변신

지금 리더십 스킬에 최고 화두는 단연 코칭 리더십이다. 많은 회사들이 현장 리더들의 리더십을 코칭 리더십으로 변화시키고자 한다. 마이크로소프트는 '모델Model, 코치Coach, 캐어Care'라는 리더십 프레임 워크로 팀원들의 '성장 마인드셋'을 더욱 강화시키고 있는데 역시 코칭이라는 리더십 스킬을 핵심으로 한다. 구글의 산소 프로젝트에서도 찾아낸 고성과 팀장의 특징 중 단연 첫 번째가 굿 코치였다. 역시 코칭 리더십이 팀장의 가장 중요한 자질이고 굿 코치의 구체적 실행 방법은 정기적 원온원이었다. 시중에 가장 뜨거운 코칭 리더십은 바로 원온원을 기본적 툴로 활용해야 발휘될 수 있는 리더십인 것이다.

MZ세대와의 소통

MZ세대 이해하기 열풍이 뜨겁다. 리더들은 MZ세대에 대해 공부하면 할수록 이들과의 소통 노력에서 오히려 꼰대라는 딱지만 얻게 되지 않을까 하는 걱정이 늘어난다. 이런 조심스러운 마음이 점점 소통 노력을 줄이게 되고, MZ세대와는 더 멀어지게 되어, 리더와 MZ세대 간 소통은 악순환에 빠지게 된다. 하지만 얼마 전 전경련에서 조사한 'MZ세대가 원하는 리더 스타일'을 보면 압도적(78%)으로 원하는 리더십은 소통 리더십이었다.[*] MZ세대가 원하는 소통은 예전의 회식, 간담회와 같은 수동적 소통이나 집단적 소통이 아니라 리더와 일대일로 자신의 이야기를 할 수 있는 적극적이고 개인적 소통인 것이다. 리더들에게 어렵기만 한 MZ세대와 소통하고 함께 일하는 가장 효과적인 방법이 바로 원온원인 것이다.

행복 경영 실천

직장에서의 행복 추구는 이젠 유행을 넘어서 당연히 해야 하는 'must do'의 경영 주제가 되었다. '성과가 행복을 만든다'는 오래된 관점이 '행복이 성과를 만든다'는 새로운 관점으로 대체되고 있다. 이런 행복의 욕구를 가장 잘 충족할 수 있는 방법은 바

---

* 기업인식 조사, 전경련, 2023.

로 원온원이다. 앞선 A사 사례에서 〈원온원은 나에게 ○○○이 다〉라는 공모전 결과에서 '원온원은 회사 내에서 유일한 한줄기 빛'이라는 표현이 있었다. 원온원 없이 팀원들에게 이해받고, 존중받고 가치를 인정받고자 하는 욕구를 채워 주는 것은 어렵다. 그저 지원들을 잘 대해주는 행복 경영이 아니라 성과와 행복을 한 번에 잡을 수 있는 행복 경영의 가장 구체적 실천이 바로 원온원인 것이다.

역량 변신: 리스킬링reskilling과 업스킬링upskilling

AI를 중심으로 일어나고 있는 기술 환경 변화에 대응하기 위해 기업은 보유 역량에 대한 발 빠른 변신을 진행하고 있다. 기존 역량의 진부화 현상이 빠르게 일어나고 있어 직원은 많은데도 필요한 역량은 부족한 상황이 점차 심각해지고 있다. 기업마다 직원들의 리스킬링과 업스킬링이 화두가 되고 있는 이유이다.

리스킬링이나 업스킬링 같은 역량 성장의 문제는 정신없이 바쁘게 돌아가는 현업의 상황을 고려할 때 팀 리더의 지원 없이 직원 스스로가 해결해 가기는 매우 어렵다. 원온원의 성장 대화를 통해 커리어 성장 방향과 그에 맞는 필요 역량 등을 파악하여 역량 성장의 구체적 계획 수립과 실행이 일어나도록 해야 한다. 필요하면 넥스트 업무나 직무의 이동까지도 준비하도록 해야 한다. 리스킬링과 업스킬링이라는 기존 직원들의 역량 변신의 과제를 가장 확실하게 수행해 낼 수 있는 방법 또한 바로 원온원이다. 원온원 없이 강조되는 직원들의 역량 성장은 한낱 구호로만 끝날 가능성이 크다.

하이브리드 워크hybrid work 방식 확대

코로나 팬데믹 이후 미국 기업들은 회사 근무와 재택 근무를 혼합한 하이브리드 워크 방식이 자리를 잡은 듯하다. 이 형태의 근무 방식은 우리 기업들에서도 조금씩 확산되고 있지만 하이브리드 방식의 도입에서 기업들이 주저하게 되는 것은 역시 리더들의 소통과 성과 관리 어려움 때문이다. 미국 기업들이 팬데믹 기간이 종료되었음에도 하이브리드 방식의 도입을 어려워하지 않는 것에는 바로 소통과 성과 관리의 툴로 정기적 원온원이 있기 때문이다. 원온원을 잘 갖추고 있다면 생산성 저하 없이 직원들의 행복을 높일 수 있는 하이브리드 워크 방식의 도입도 크게 어렵지 않을 수 있다.

이처럼 기업이 지금 안고 있는 소프트 차원의 변화와 변신이라는 절박한 과제들은 한결같이 원온원으로 그 해결책이 수렴된다. 기업들에게 주어진 혁신의 퍼즐들이 바로 원온원 하나로 풀어낼 수 있는 것이다. 높은 성과를 내고 싶은가? 팀원들을 성장시키고 싶은가? 팀원들을 행복한 팀원들로 만들고 싶은가? 이 모든 것은 하나로 해결된다. 그것은 기승전 원온원이다.

6부

원온원에 대해 못다 한 말

성과를 만드는 현존하는
최고의 기술, 원온원

앞서 매니지먼트와 리더십의 변수를 조합하는 리더들의 성과 창출 방정식에 대해 이야기하였는데, 이와는 조금 다른 각도에서 오랜 기간 내가 가져왔던 성과 창출 방정식에 대해 이야기해 보고자 한다.

$$성과 = f(전략, 실행력)$$

성과를 위해서는 환경에 맞춘 좋은 전략이 있어야 하고 그것을 잘 실행할 수 있는 실행력을 갖출 때 성과가 창출된다. 여기까지는 너무 당연한 이야기로 들릴 것이다. 그렇다면 전략과 실행력이라는 이 두 가지 요소에서 성과에 더 큰 임팩트를 가지는 것은 무엇일까?

나는 텔레콤, 유통, 에너지, 반도체 등 다양한 산업을 경험해 봤는데, 어떤 산업이든지 성과 차별에 대해 임팩트가 큰 쪽은 언제나 전략보다는 실행력이었다. 해당 산업의 기업과 경쟁사들은 전략 부분에서 거의 유사하게 움직였다. 한 기업에서 좋은 전략이 나오면, 다른 경쟁사에서도 금방 비슷하게 따라갔고, 전략의 측면에서 기업 간 큰 차별점은 만들 수 없었다. 그러나 이렇게 비슷한 전략에서도 차이가 나는 점은 바로 실행력이었다. 예를 들어 특정 제품 개발 전략은 거의 동일하다. 미래 이 제품의 수요가 높아질 것이라는 비슷한 예견을 하기 때문이다. 하지만 그 전략을 실행해 내는 힘에서는 큰 차이가 있다. 누구는 제품 개발에 성공하고 누구는 실패하는 것이다. 바로 실행력의 차이인 것이다.

실행력의 중요성과 관련하여 웰스파고 전 CEO 코바세비치 Richard M. Kovacevich는 다음과 같이 말했다.

"회사의 전략 플랜을 비행기에 놓고 내려도 아무 문제가 없다. 우리 회사의 성공은 기획과 아무 상관이 없다. 오직 실행과 관련된다."[*]

---

* 제프리 페퍼, 이재석 역, 〈제프리 페퍼 교수의 지혜 경영〉, 국일증권경제연구소, 2008.

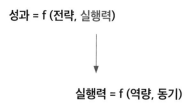

성과 = f (전략, 실행력)

실행력 = f (역량, 동기)

실행은 사람의 몫이다. 실행력은 사람의 역량과 동기의 함수이고, 이 두 가지 변수가 실행력을 차이를 만들어 낸다. 돌이켜보면 내가 몸 담았던 회사들에서도 멋지고 앞서가는 전략들이 많았다. 하지만 항상 실행력에서 막혔다. 그 멋진 전략을 이루어 내는 역량과 동기가 충분치 못했던 것이었다.

역량과 동기라는 변수의 확보와 변화는 누가 책임을 지는 것인가? 바로 조직 성과 창출의 일차 책임자인 직책자들이다. 직책자들이 성과 창출을 위해 자신이 활용할 수 있는 거의 유일한 변수가 팀원들의 역량과 동기이기 때문이다. 그런데 현장에서 내가 보아온 리더의 모습은 역량과 동기를 리더 자신이 활용해야 하는 변수가 아니라 주어진 상수로 생각하는 리더가 적지 않았다. 팀원의 역량과 동기 수준은 회사 차원에서나 만들어지는 것이고, 리더 자신은 회사가 정해 준 팀원들과 일할 뿐이라는 생각이다. 사람보다 오직 일에만 집중된 매니저들의 생각이다. 그들이 활용하는 실행력은 오직 예산권과 인사권이라는 권한 중심인데 이것은 팀원들에게 'I have to do'의 외적 순응을 강화하는 것일 뿐 역량과 동기의 변화는 전혀 없다. (적응적 성과와 전술적 성과를 구분한 닐 도쉬와 린지 맥그리그는 권한 중심의 동기부여는 오히려 총 동기 점수를 떨어뜨리는 마이너스 동기라고 설명한다.)

팀원의 역량과 동기라는 실행력을 변화시켜 성과 창출을 이루어 내는 것이 바로 리더십이다. 성과 창출을 위해서 리더의 노력과 시간은 바로 실행력 강화 즉 역량과 동기 강화에 투자되어야 한다. 그리고 이 역량과 동기를 가장 효과적으로 높일 수 있는 현존하는 최선의 기술best available technology은 바로 '원온원'이다.

다시 한번 나의 오랜 성과 창출 방정식을 요약한다.

성과=F(전략, 실행력)	전략보다 실행력에서 성과가 결정된다.
실행력=F(역량과 동기)	실행력은 사람의 역량과 동기가 만든다. 일 중심의 매니저는 역량과 동기를 변수가 아닌 주어진 상수로 본다. 역량과 동기를 변수로 활용하는 것이 리더십이다.
역량과 동기=F(원온원 소통)	성과 대화, 행복 대화, 성장 대화가 일어나는 원온원이 역량과 동기를 높이는 가장 확실한 방법이다.

백 년 전 헨리 포드Henry Ford는 "직원들의 두 손만 얻고 싶은데 왜 꼭 인간 전체를 얻어야 한단 말인가?"라고 한탄하였다. 두뇌 에너지를 차단하고 근육 에너지를 집중시키는 편도체 활성화의 노동력을 원했던 것이다. 시대는 흘러 인간 전체의 놀라운 능력

을 발휘해야 하는 휴먼 매직의 시대가 되었다. 지금도 백 년 전 헨리 포드 생각의 잔재에 머물고 있는 리더가 적지 않은 것은 확실하다. 그렇지 않고서야 리더들이 원온원에 나서지 않을 이유가 하나도 없는 것이다.

도전과 열정은 행동 지침이 아니라
원온원이 만들어 낸다

최근 기업들의 혁신에 대한 몸부림은 대단하다. 기업 문화, 조직 구조, 구성원들의 역량을 혁신하고자 온갖 아이디어를 발산하고 실천한다. 성과 관리, 평가 관리, 보상 관리의 HR 제도도 바꾸어 보고, 재택근무, 자율 좌석제, 유연근무제, 주4일 근무제, 개방형 사무실 등과 같은 일하는 방식의 혁신에도 경쟁적으로 나서고 있다.

하지만 그 어떤 기업도 원온원에는 관심을 두지 않는다. 혁신은 오직 팀원들의 재량적 추가 노력에 의해서만 나타날 수 있는 성과라고 여러 번 강조했다. 이 팀원들의 재량적 추가 노력을 만들어 낼 수 있는 가장 간단하고 쉬운 방법이 원온원인데, 우리 기업들과 리더들이 아직도 관심을 두지 않는다는 것은 참으로 기이한 일이다.

이 책의 목적과 의도는 분명하다. 한국의 기업들과 리더들이 원온원을 채택하고 실천토록 하는 것이다. 이를 통해 팀원들의 행복과 성장, 그리고 성과가 선순환으로 돌 수 있도록 하자는 것이다. '좋은 직업이란 무엇인가'라는 하버드 비지니스 리뷰의 연구 기사에서 "좋은 직업의 여러 기준을 충족하는 직업을 원한다면 반드시 믿을 만한 리더가 있는 팀에 속해야 한다. (중략) 좋은 직업은 늘 신뢰할 수 있는 팀의 일원이 되는 직업인 것 같다"*라는 결론을 내렸다. 여러분들은 팀원들이 '내가 하는 일이 좋은 직업이다'라는 자부심을 갖도록 '믿을 만한 리더'가 되고 싶지 않은가? 그러한 신뢰는 바로 원온원을 통하면 가장 확실하게 만들어질 수 있는 것이다.

내가 정말 원하는 기업의 모습을 그려보기
• CEO가 직속 임원들과 매주 혹은 격주의 정기적 원온원을 실천한다.
• 임원들이 직속 팀장들과 매주 혹은 격주의 정기적 원온원을 실천한다.
• 팀장들이 팀원들과 매주 혹은 격주의 정기적 원온원을 실천한다.

지금 여러분의 회사에서 성과, 혁신, 문화, 팀원들의 성장과 행복 등을 얻기 위해 얼마나 많은 노력들이 일어나고 있는가? 그

• Marcus Buckingham, 'How do you find career you love?', Harvard business Review (Korea), 2023.

리고 한 번이라도 그러한 노력의 효과를 본 적이 있는가? 회사는 문화 코드 혹은 행동 지침code of conduct에 '우리 팀원들은 높은 의욕을 발휘합니다' '높은 도전 의식을 가집니다' '뜨거운 열정을 가집니다' 등의 문구를 넣기를 원한다. 하지만 그 효과는 거의 없다. 팀원들의 몰입의 70%는 리더십이 결정한다는 갤럽의 연구 결과처럼, 기업들이 간절하게 원하는 팀원들의 의욕, 도전, 열정 등은 행동 지침에 있는 것이 아니라 리더들이 자신의 직원들과 원온원 실천만 있다면 저절로 얻을 수 있는 구성원들의 기대 행동이다.

사랑은 내 시간을
기꺼이 건네 주는 것

서점에서 우연히 찾은 이기주 작가의 책 제목이다. 주위 사랑하는 사람들을 다시 한번 생각하게 했다. 부모님, 아내, 아들과 딸, 친구, 동료, 후배, 이 모두가 나의 삶에 큰 자리를 채우는 사람들이고, 내가 사랑하는 사람들이다. 그들을 사랑한다고 생각하면서 나는 그들에게 얼마나 내 시간을 기꺼이 건네 주고 있는가? 시간을 건네 주지도 않으면서 그들을 사랑한다고 나는 이야기할 수 있을까?

리더가 되어 보면 팀원들이 고맙고 사랑스럽다. 그들을 위해 뭔가 더 주고 싶다는 생각도 간절해진다. 그런데 이런 마음의 실천이 쉽지가 않다. 더 주고는 싶지만 줄 수 있는 것도, 줄 수 있는 방법도 잘 모른다. 리더들은 자신의 소중한 시간을 팀원들에게 제공한다는 생각은 좀처럼 못하는 듯할 뿐 아니라 어떻게 자신의 시간을 제공하는 것이 가장 효과적인지도 모르는 듯하다. 이를 해결할 수 있는 방법이 원온원이다. 리더의 시간을 온전히 팀원들에게 건네 주는 가장 좋은 방법이다. 원온원을 통해 팀원 개개인에게 리더의 '관심'을 선물하자. 팀원들이 가장 기뻐할 선물이 될 것이다. 그리고 팀원들은 성과와 성장이라는 선물로 되돌려 줄 것이다.

고성과 리더의 비밀, 원온원

마무리하며

리더십 What

- 일을 중심에 두는 매니저와 사람을 중심에 두는 리더는 다르다. 리더십은 매니지먼트와 구분되는 것이다.
- 리더십이 실천되려면 영감적 정의는 실천적 정의로 치환되어야 한다.
- 리더십은 영향력이다(영감적 정의) → 리더십은 소통을 통한 영향력이다 → 리더십은 소통이다. (실천적 정의)

리더십 Why

- 리더에게는 성과 창출이 가장 절박한 이슈이고 각자 자신의 성과 창출 방정식을 가진다.
- 성과의 본질이 달라졌다. 평범한 성과가 아닌 차별적 성과는

오직 전두엽 성과, 적응적 성과, 성과 책임 성과를 만들어야 한
다. 이것은 leadership driven performance로, 자신의 성과 창출
방정식을 리더십 중심으로 변화시켜야 한다.

리더십 How
- 소통 중 가장 높은 품질의 소통은 원온원 소통이다. 원온원은
  소통의 최대 광대역 채널을 제공한다.
- 원온원 하나만 하면 된다. 이 하나로 팀원들의 성과, 성장, 행
  복을 가장 잘 창출할 수 있다.

1부에서 이 책을 모두 읽고 난 후 여러분이 즉각 간단하게 몇
자로 적을 수 있을 것이라는 기대를 던졌다. 그리고 내가 기대한
답은 아래와 같다.

What	리더십은 소통이다.
Why	차별적 성과 창출 (전두엽 성과, 적응적 성과, Accountability 성과)
How	원온원

나는 원온원에 대한 강의를 최근에 50번은 족히 한 듯하다. 그
것도 90분 정도로 짧지 않은 강의였다. 그런데 스스로에게 놀라

는 일은 50번을 동일한 내용으로 강의해도 언제나 처음 강의하는 것 같은 설레임과 열정이 생긴다는 것이다. 마치 인텔의 앤디 그루브 회장의 원온원에 대한 확신이 마치 내 몸 속에서 환생한 것 같기도 했다.

그동안 기업에서 경험했던 좋다던 많은 경영 기법들은 결국 희미한 옛사랑의 그림자처럼 사라져갔다. 몇 번의 연애에 실패하여 더 이상 연애에 대한 관심조차 없어진 사람처럼 그 어떤 경영 기법에도 더 이상 나의 관심은 생기지 않았다. 그러던 중 원온원을 알게 되고 경험하게 되었다. 우리 리더들과 팀원들의 오랜 페인 포인트pain point였던 성과 문제, 신뢰 문제, 성장 문제들을 한 번에 해결할 수 있는 툴을 드디어 확인한 것이었다. 이 책을 쓰는 내내 난 여전히 설레이고 열정적이다. 책 속의 단어, 문장들이 모두 원온원에 대한 나의 생생한 경험과 확신이기 때문이다.

우리 기업들과 리더들이 그렇게 만들고 싶었던 조직 문화의 모습은 무엇이었나? 리더와 팀원 간 두터운 신뢰 형성, 팀원들의 강한 성과 책임감과 일의 주인의식, 많은 아이디어와 문제점에 대한 자유로운 스픽업, 팀원들의 높은 행복감 등이지 않는가. 이 모든 것들을 원온원 하나로 가장 확실하게 만들어 갈 수 있는 것들인데 누구든 설레이지 않을 수 있는가?

원온원은 우리만 모르고 있었던 고성과를 내는 리더의 비밀이었다. 구글도, 인텔도, 마이크로소프트도 알고 있었다. 나아가 모든 미국 기업들이 알고 있는 고성과 창출과 높은 직원 몰입의 비밀은 원온원이었다.

여러분들의 원온원 실천을 마음 모아 응원한다.